ポケット

漢検 3級

問題集

短期間でしっかり合格！

JN007615

成美堂出版

ポケット漢検3級問題集

本書の見かた…4～5　　本書の特長…6～7
漢字検定3級の出題範囲…8
漢字検定3級の採点基準…9
漢字検定の実施要項…10～11

■ 頻度別問題集

頻出度 A 最頻出問題

読み①～⑧…12～27
同音・同訓異字①～⑤…28～37
漢字識別①～④…38～45
熟語の構成①～④…46～53
部首①～②…54～57
対義語・類義語①～⑧…58～73
漢字と送りがな①～③…74～79
四字熟語①～④…80～87
誤字訂正①～②…88～91
書き取り①～⑭…92～119

頻出度 B 必修問題

読み①～⑧…120～135
同音・同訓異字①～④…136～143
漢字識別①～④…144～151
熟語の構成①～④…152～159
部首①～②…160～163

もくじ

対義語・類義語①〜⑧…164〜179

漢字と送りがな①〜③…180〜185

四字熟語①〜③…186〜191

誤字訂正①〜②…192〜195

書き取り①〜⑭…196〜223

頻出度 **C 重要問題**

読み①〜⑧…224〜239

同音・同訓異字①〜④…240〜247

漢字識別①〜③…248〜253

熟語の構成①〜③…254〜259

部首①〜②…260〜263

対義語・類義語①〜⑧…264〜279

漢字と送りがな①〜③…280〜285

四字熟語①〜③…286〜291

誤字訂正①〜②…292〜295

書き取り①〜⑬…296〜321

■**巻末** 後ろからご覧ください

巻末資料

試験に出る四字熟語…333〜322 ［巻末35〜46］

3級配当漢字表…358〜334 ［巻末10〜34］

模擬試験問題・解答…367〜359 ［巻末1〜9］

本書の見かた

出題ジャンル ●

● 問題

ひんしゅつど
頻出度 ●

頻出度はA〜Cの
3つに分かれていま
す。右の「ひよこで
わかる頻出度」も参
考に。

チェック ●
ボックス
できた問題をチェッ
クしましょう。

頻出度
A 読み①

次の＿＿線の**漢字の読み**を**ひらがな**で答えよ。

☑ **01** 台風が海上に停滞している。

☑ **02** 卓越した運動能力に舌を巻く。

☑ **03** 奥の部屋の資料は閲覧禁止です。

☑ **04** 軍部が政権を掌握している。

☑ **05** セミナーの概要をまとめる。

＿＿＿＿ 今日も自社店問にある

解説の中のアイコンの意味

出例	**共通する漢字の問題で、過去の実際の試験に出題されたもの** P.12の01では「停滞」の読みが出題されていますが、同じ漢字を使った「滞納」や「滞る」の読みも、過去の試験で出題されていることを示しています。		だけた。
豆	覚えておくとためになる解説	用例	解答または解答の一部を使った語句
✕	間違いやすい例	熟語	解答の漢字を使った熟語の例
対義語	解答の熟語の反対の意味の熟語の例	類義語	解答の熟語と同じような意味の熟語の例
音読	解答の漢字の音読み	訓読	解答の漢字の訓読み
中	中学校で習う読み方	高	高等学校で習う読み方

本書のメインコンテンツである P.12～321の頻度別問題集のページの見かたです。赤シートをかぶせながら問題を解いていきましょう。

● 自己採点記入欄
合格点がとれるまで、くり返しましょう。

合格点 7/10	1回目 月 日 /10	2回目 月 日 /10	頻出度 A

解 答	解 説
ていたい	停滞：物事がはかどらず、うまく進まないこと。 出例 滞納／沈滞／滞る
たくえつ	卓越：他よりもはるかにすぐれていること。能力が抜きん出ていること。 出例 卓抜／卓球
えつらん	閲覧：書物や新聞などを調べたり読んだりすること。 出例 校閲／検閲
しょうあく	掌握：自分の思いどおりにすること。手に入れること。手でにぎること。 出例 掌中
がいよう	概要：物事のあらまし。 出例 概略／概算
みっぷう	密封：すき間のないように閉じること。 出例 完封／封鎖
かいだく	快諾：申し入れや提案を快く受け入れること。 出例 承諾／受諾
おこたった	怠る：しなければならないことをやらないこと。 出例 怠ける／怠慢
とついだ	嫁ぐ：よめに行く。縁づく。 出例 花嫁／嫁
たずさわって	携わる：ある事柄に関係する。従事する。 出例 携える／提携／連携

読み
同音・同訓異字
漢字識別
熟語の構成
部首
対義語・類義語
漢字と送りがな
四字熟語
誤字訂正
書き取り

13

● ひよこでわかる頻出度

A
過去問21年分の試験で出題頻度が最も高いもの

B
Aの次に頻度が高いもの

C
頻度は高くないが、覚えておきたい問題

● 解説
解答の漢字や熟語の意味、そのほか覚えておきたい注意点など辞書いらずの親切な解説が書かれています。

解答
赤シートで答えを隠してくり返し学習できます。

5

本書の特長

過去問21年分（約260回分）を徹底分析！
試験に出る問題だけを完全攻略！

　本書では、**漢字検定の過去問21年分（約260回分※）の試験で、実際に出題された問題すべてを分析**しています。

※検定は一年間に公開会場で3回、団体受検の準会場で約10回実施されています。

ジャンル	出題例（出題回数）
読み	慰める（27回）／催す（26回）悔恨（21回）／卓越（20回）／閲覧 倹約　他（19回）
同音・同訓異字	ホウ−邦 芳 縫（42回）／キ−棄 軌 既（39回）
漢字識別	哀（17回）／伐（14回）／概 隔 滞　他（13回）
熟語の構成	愛憎 尊卑（21回）／哀歓 屈伸 賢愚 精粗（20回）
部首	室（26回）／翻（25回）／哀（24回）／殴 衝 葬 膨（23回）
対義語	冗漫←→簡潔（22回）／怠慢←→勤勉（21回）
類義語	卓越＝抜群（20回）／没頭＝専念（19回）
漢字と送りがな	商う（22回）／強いる（21回）／健やか（20回）
四字熟語	深山幽谷（25回）／順風満帆 清廉潔白 千差万別 大胆不敵（24回）
誤字訂正	操置→装置（17回）／汚洗→汚染　他（13回）
書き取り	余す（19回）／集う（18回）／面目 便乗 談笑（15回）

短時間でしっかり合格するために、本書は過去問を徹底的に分析した問題集になっています。赤シート対応、辞書いらずの親切な解説も特長です。

　左の表が、分析結果です。出題範囲（8ページ参照）が決まっているので、何度も出題される漢字があることに気づくはずです。たとえば、読みの問題では「慰める」が27回出題されている一方、「養鶏」は1回しか出題されていません。

　本書では、出題回数が多い順、すなわち出題頻度が高い順にA、B、Cの3ランクに分類して問題を掲載しています。これまでに何度も出題された問題はこれからも出題されやすい**「試験に出る問題」**です。これを集中的に学習することにより短時間でしっかり合格できます。特に、頻出度Aは覚えておけば得点源になります。

　また、時間に余裕がない人は頻出度Aのみの学習、満点合格を狙う人は頻出度Cまでの学習、というように自分の勉強時間に合わせた使い方もできます。

いつでもどこでも学習できる！
隠して覚えられる赤シート対応！

　本書は隠して覚えられる赤シート対応になっています。また、辞書を引かなくても済むくらい親切な解説がついています。

　ノートや辞書を持ち運ばなくても済み、通学中、通勤中、いつでもどこでも空いた時間で学習できるので、短時間でしっかり合格することができます。

2020年度からの試験制度変更について
平成29年改訂の小学校学習指導要領が2020年度から全面実施されたことに伴い、漢字検定でも一部の漢字の配当級が変更になりました。3級では、3級配当漢字だった「岐」が7級配当漢字に変更され、配当漢字から外れています。本書ではこの試験制度変更を踏まえて、配当級が変更となった漢字の出題頻度を予想した上で、A・B・Cの各ランクに予想問題として掲載しています。

● 3級検定では、常用漢字のうち1623字が出題範囲となり、4級から284字増えました。これは、中学校卒業程度までに習う漢字に相当します。

● 4級から増えた284字が3級の配当漢字となり、3級検定では重要な漢字です。

• 「読み」や「書き取り」の問題では、常用漢字のうち1623字が出題の対象になりますが、とくに重要なのが3級配当漢字です。

• 漢字を読ませる問題では6〜9割、漢字を書かせる問題では2〜5割、3級配当漢字から出題されており、それ以外の問題は下級の漢字が使われています。

• 4級からの出題形式の変更点は、(八)「四字熟語」の問題で、漢字を一字書く問題から漢字二字を書く問題へと変更になります。

● 試験は、以下のような内容で構成されています。

(一) 短文中の漢字の読み（音・訓）

(二) 同音・同訓異字　　　　　　(三) 漢字識別

(四) 熟語の構成　　　　　　　　(五) 部首

(六) 対義語・類義語　　　　　　(七) 漢字と送りがな

(八) 四字熟語　　　　　　　　　(九) 誤字訂正

(十) 短文中の書き取り（音・訓）

ただし、(公財)日本漢字能力検定協会の審査基準の変更の有無にかかわらず、出題形式や問題数が変更されることもあります。

漢字検定3級の
採点基準

● 漢字検定では、とめるところ、離すところ、続けるところなどにも意識して、筆画を正しく、ていねいにはっきり解答を書かなくてはいけません。くずした字や、乱雑な書き方は採点の対象外となります。

● 字体は、小学校の教科書に使用されている教科書体が採点の基準になっています。本書の問題文と解答は教科書体を使用していますので、参考にしてください。

● 常用漢字表にない漢字や読みはバツになります。たとえば、「動きマワル」の「マワル」は、漢字で「回る」と書くのが正解で、「廻る」と書くとバツになります。「回」は常用漢字ですが、「廻」は常用漢字ではないからです。常用漢字の旧字体も正答とは認められません。

● その他の採点基準は以下のとおりです。
・送りがなは、昭和48年6月18日内閣告示の「送り仮名の付け方」が基準になっています。
・部首は、参考書によって多少異なりますが、漢字検定を主催する（公財）日本漢字能力検定協会の定めによっています。

● 3級の合格点は正解率70パーセント前後が目安になります。3級は200満点ですから、140点以上をとれば合格です。

● 年齢、性別、国籍を問わず、だれでも受検できます。個人で受検する場合は以下の方法があります。
  ・ インターネットから申し込む
  ・ ローソン、セブン-イレブン、ファミリーマート、ミニストップで申し込む

● 個人受検の試験は1年に3回、定期的に実施されています。日程については（公財）日本漢字能力検定協会に問い合わせてください。

● 検定会場は、全国と海外の主要都市で行われています。願書に載っている検定会場から、自分の希望する会場を選びます。団体受検の場合、条件を満たせば学校や会社の中で受検することもできます。

● 申込期間は検定日の約3か月前から1か月前までです。しめ切り日までに願書を送らないと無効になってしまいますから、注意してください。

● 検定時間は60分です。開始時間の異なる級を選べば、2つ以上の級を受検することも可能です。

実施要項

● 合否の発表は、検定日から所定の日数後、合格者には合格証書、合格証明書、検定結果通知が送られます。不合格者には検定結果通知が郵送されます。

● 検定日当日は、以下の点に注意しましょう。

- 受検票を忘れずに持参しましょう。受検票は、受検中に机の上に置いておかなければなりません。
- 自動車やバイクで来ることを禁止している会場が多いので、事前に確認してください。
- 当日はHBかBの鉛筆、または濃いシャープペンシルを持参しましょう。鉛筆は2本以上、さらに鉛筆が削れる簡単なものを用意しておくと安心です。消しゴムも持参しましょう。ボールペンや万年筆の使用は認められません。
- 検定中、携帯電話の電源は切っておきましょう。

● 検定料等は変わることがあるので、漢字検定の広告やホームページなどで確認するようにしましょう。

問い合わせ先

公益財団法人 日本漢字能力検定協会

ホームページ　https://www.kanken.or.jp/

［本部］〒605-0074　京都市東山区祇園町南側551番地

ホームページにある「よくある質問」を読んで該当する質問がみつからなければメールフォームでお問合せください。電話でのお問合せ窓口は0120-509-315（無料）です。

本書は原則として2023年10月時点のものです。受検をお考えの方は、ご自身で（公財）日本漢字能力検定協会の発表する最新情報をご確認ください。

次の＿＿＿線の**漢字の読み**を**ひらがな**で答えよ。

☑ **01** 台風が海上に<u>停滞</u>している。

☑ **02** <u>卓越</u>した運動能力に舌を巻く。

☑ **03** 奥の部屋の資料は<u>閲覧</u>禁止です。

☑ **04** 軍部が政権を<u>掌握</u>している。

☑ **05** セミナーの<u>概要</u>をまとめる。

☑ **06** 食品を<u>密封</u>容器にしまう。

☑ **07** 突然のお願いを<u>快諾</u>していただけた。

☑ **08** 練習を<u>怠</u>ったため腕が落ちた。

☑ **09** 一人娘が隣町に<u>嫁</u>いだ。

☑ **10** 新製品の開発に<u>携</u>わっている。

合格点
7/10

1回目
月　日　/**10**

2回目
月　日　/**10**

頻出度
A

解　答	解　説
ていたい	停滞：物事がはかどらず、うまく進まないこと。 **出例** 滞納／沈滞／滞る
たくえつ	卓越：他よりもはるかにすぐれていること。能力が抜きん出ていること。 **出例** 卓抜／卓球
えつらん	閲覧：書物や新聞などを調べたり読んだりすること。 **出例** 校閲／検閲
しょうあく	掌握：自分の思いどおりにすること。手に入れること。手でにぎること。 **出例** 掌中
がいよう	概要：物事のあらまし。 **出例** 概略／概算
みっぷう	密封：すき間のないように閉じること。 **出例** 完封／封鎖
かいだく	快諾：申し入れや提案を快く受け入れること。 **出例** 承諾／受諾
おこたった	怠る：しなければならないことをやらないこと。 **出例** 怠ける／怠慢
とついだ	嫁ぐ：よめに行く。縁づく。 **出例** 花嫁／嫁
たずさわって	携わる：ある事柄に関係する。従事する。 **出例** 携える／提携／連携

読み

同音・同訓異字

漢字識別

熟語の構成

部首

対義語・類義語

漢字と送りがな

四字熟語

誤字訂正

書き取り

読み②

次の___線の**漢字の読み**を**ひらがな**で答えよ。

☐ **01** 虚勢を張って強がっている。

☐ **02** 猛勉強して苦手な科目を克服する。

☐ **03** 両国間で非公式の折衝が行われた。

☐ **04** 漏電により火災が起きた。

☐ **05** その性能は他の追随をゆるさない。

☐ **06** 何も言わずに私の顔を凝視した。

☐ **07** 功績が認められて昇進した。

☐ **08** 試合に負けて悔しい。

☐ **09** 失業した友人を慰める。

☐ **10** 慌ただしい年の瀬を迎える。

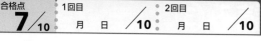

解 答	解 説

読み
同音・同訓異字
漢字識別
熟語の構成
部首
対義語・類義語
漢字と送りがな
四字熟語
誤字訂正
書き取り

解答	解説
きょせい	虚勢：うわべだけの威勢。からいばり。 **出例** 空虚／虚栄心
こくふく	克服：努力して困難な状態にうちかつこと。 **出例** 克明／相克
せっしょう	折衝：外交などで、事が有利に運ぶように駆け引きすること。また、その駆け引き。 **出例** 衝動／衝撃
ろうでん	漏電：電線の絶縁不良や機械の故障などが原因で、電気がもれて流れること。 **出例** 脱漏／遺漏／漏れる／漏らす
ついずい	追随：あとから追いつくこと。あとにつき従うこと。 **出例** 随時／随分
ぎょうし	凝視：目をこらしてじっと見つめること。 **出例** 凝縮／凝結／凝る／凝らす
しょうしん	昇進：地位や官位などが上がること。 **出例** 昇降／昇任／昇る
くやしい	悔しい：物事が思いどおりにならず、腹立たしい気持ち。くやまれること。 **出例** 悔やむ／悔いる／悔恨／後悔
なぐさめる	慰める：人の悲しみや苦しみを、優しい言葉などでいやす。 **出例** 慰労／慰留
あわただしい	慌ただしい：落ち着かない、せわしいさま。状況が急に変わり、一定しないさま。 **出例** 慌てる

次の＿＿線の**漢字の読み**を**ひらがな**で答えよ。

☐ **01** 感情を抑制できないほど怒る。

☐ **02** ライバル会社から譲歩を求められた。

☐ **03** とても待遇のよいホテルだった。

☐ **04** 生徒総会を開催する。

☐ **05** 昨年負けた試合の雪辱を果たす。

☐ **06** 各部が新入生の勧誘活動を行う。

☐ **07** 取材源を秘匿することを約束する。

☐ **08** 裏切った友達を恨む。

☐ **09** 昼を欺くばかりの明るさだ。

☐ **10** 家へ続く上り坂はとても緩やかだ。

解 答	解 説
よくせい	抑制：おさえるけること。おさえとどめること。 **出例** 抑揚／抑圧／抑える
じょうほ	譲歩：自分の意見をおさえて相手に従うこと。 **出例** 互譲／譲渡／譲る
たいぐう	待遇：人をそれ相応にもてなすこと。あしらい。処遇。 **出例** 処遇／境遇
かいさい	開催：行事や集会を開き行うこと。 **出例** 催促／共催／催す
せつじょく	雪辱：恥をすすぐこと。とくに、競技などで負けたことのある相手を破って、恥をすすぐこと。**出例** 屈辱／恥辱
かんゆう	勧誘：すすめてさそうこと。 **出例** 誘致／誘発／誘う
ひとく	秘匿：他人には秘密にして隠すこと。 **出例** 匿名／隠匿
うらむ	恨む：憎い気持ちや不満、悲しみを持ち続けること。 **出例** 恨めしい／痛恨／遺恨
あざむく	欺く：（「～をあざむく」の形で）～とまちがえさせる。言葉巧みに相手をだます。
ゆるやかだ	緩やか：傾斜などが急ではないさま。ゆるいさま。動きがゆったりしているさま。 **出例** 緩める／緩む／緩和／緩慢

読み

同音・同訓異字

漢字識別

熟語の構成

部首

対義語・類義語

漢字と送りがな

四字熟語

誤字訂正

書き取り

17

次の＿＿＿線の**漢字の読み**を**ひらがな**で答えよ。

☐ **01** 埋蔵金が発掘された。

☐ **02** 人生の哀歓をともにする。

☐ **03** 北の大地の湿原を見に行く。

☐ **04** 人々を魅惑する美声の持ち主だ。

☐ **05** 潤沢な資金を使って経営する。

☐ **06** 手術は緊迫した状況が続いている。

☐ **07** つねに相手の話を傾聴する。

☐ **08** 何者かが暗やみに潜んでいる。

☐ **09** ナイフで脅して金品を奪う。

☐ **10** 仏像を彫る仕事をしている。

合格点	1回目	2回目
7/10	月 日 /**10**	月 日 /**10**

読み

同音・同訓異字

漢字識別

熟語の構成

部首

対義語・類義語

漢字と送りがな

四字熟語

誤字訂正

書き取り

解答

解説

まいぞう

埋蔵：地中に埋めて隠すこと。また、地中に隠れていること。
出例 埋没／穴埋め／埋もれる

あいかん

哀歓：悲しみと喜び。
出例 哀切／悲哀／哀れだ／哀れむ

しつげん

湿原：淡水によって、低温・多湿な場所に発達した草原。
出例 湿潤／多湿／湿る

みわく

魅惑：魅力で心をひきつけ、惑わせること。
出例 魅了／魅力

じゅんたく

潤沢：物が豊富であること。うるおいのあること。
出例 豊潤／潤滑油／潤う／潤す

きんぱく

緊迫：状況などが非常に緊張していること。非常にさしせまっていること。
出例 緊密／緊急

けいちょう

傾聴：耳を傾けて、真剣に聞くこと。
出例 聴衆／聴取／聴く

ひそんでいる

潜む：人目につかないように隠れる。外部には現れていないが、内部にある。
出例 潜める／潜る／潜伏／潜在

おどして

脅す：恐れさせる。こわがらせる。
出例 脅威

ほる

彫る：彫刻すること。彫りこむ、穴をあける、くりぬくこと。
出例 木彫り／彫金／彫刻

次の___線の**漢字の読み**を**ひらがな**で答えよ。

□ **01** 祖父危篤の報を受けて帰郷した。

□ **02** 恐悦至極に存じます。

□ **03** 監督が成績不振の選手を擁護する。

□ **04** 岩場のある険阻な山道を登る。

□ **05** 友人の言葉を邪推する。

□ **06** 突如、厚い雲が空を覆った。

□ **07** 文明から隔絶した人々がいる。

□ **08** 冬の冷たい水に手が凍える。

□ **09** 国外逃亡の企てが発覚した。

□ **10** すっかり記憶力が衰えた。

合格点
7 /10

1回目
月 日 /**10**

2回目
月 日 /**10**

解 答	解 説
きとく	危篤：病気やけがの状態が非常に重く、今にも死にそうなこと。 出例 篤実／篤志家
きょうえつ	恐悦：つつしんで喜ぶこと。喜びを述べるときに多く用いる。 出例 満悦／悦
ようご	擁護：危害などを加えようとするものから、かばい守ること。 出例 擁立／抱擁
けんそ	険阻：道や地形がけわしいさま。また、その場所。顔つきや性格がとげとげしいこと。 出例 阻止／阻害
じゃすい	邪推：ひがみから、人の心や考えを悪く推察すること。 出例 邪念／邪悪
とつじょ	突如：だしぬけなさま。突然。 出例 欠如／躍如
かくぜつ	隔絶：非常にかけ離れていること。遠くへだたっていること。 出例 隔年／間隔／隔てる／隔たる
こごえる	凍える：寒さのために冷え切って体の感覚を失う。 出例 凍る／凍結／解凍
くわだて	企て：企てること。また、その企てた内容。もくろみ。 出例 企画／企業
おとろえた	衰える：活動力や物事の勢いが弱くなる。衰弱する。おちぶれる。 出例 衰退／衰微

読
み

同音・同訓異字

漢字識別

熟語の構成

部
首

対義語・類義語

漢字と送りがな

四字熟語

誤字訂正

書き取り

次の___線の**漢字の読み**を**ひらがな**で答えよ。

☑ **01** 強豪校を相手に<u>果敢</u>に挑む。
　　　　　　　　　　いど

☑ **02** 奈良時代の<u>墳墓</u>が発見された。

☑ **03** 中学校時代を<u>回顧</u>する。

☑ **04** 惑星の<u>軌道</u>はほぼ一定である。

☑ **05** 漢詩をつくり、<u>朗詠</u>する。

☑ **06** <u>既成</u>の概念を打ち破る発想を得た。

☑ **07** 小説の一部を<u>抜粋</u>して掲載する。

☑ **08** 兵士たちが戦地に<u>赴</u>く。

☑ **09** 危険を<u>伴</u>う仕事に就く。

☑ **10** 人を<u>憎</u>み続けることは難しい。

合格点 **7**/10　1回目　月　日　/10　　2回目　月　日　/10

解答	解説
かかん	果敢：決断力に富むさま。物事を思いきって行うさま。 出例 敢然／勇敢
ふんぼ	墳墓：死体や遺骨を葬ったところ。はか。 出例 古墳
かいこ	回顧：過ぎ去ったことを思い出すこと。振り返ること。 出例 顧問／顧慮／顧みる
きどう	軌道：天体が運行する道筋。電車などの通る道。線路。 出例 軌跡／常軌
ろうえい	朗詠：詩歌などを、声高くうたうこと。 出例 詠嘆
きせい	既成：すでにできあがって存在していること。 出例 既定／既婚／既に
ばっすい	抜粋：書物や作品から必要な部分を抜き出すこと。また、その抜き出したもの。 出例 純粋／無粋
おもむく	赴く：ある方向や場所に向かって行く。また、ある状態に向かう。 出例 赴任
ともなう	伴う：ある事と同時に、別の事が起こる、また別の事をあわせ持つこと。いっしょに行く、また従って行くこと。出例 相伴う／同伴／相伴
にくみ	憎む：とても嫌う。にくいと思う。 出例 心憎い／愛憎

23

次の＿＿線の**漢字の読み**を**ひらがな**で答えよ。

☑ **01** 海辺に小びんが漂着した。

☑ **02** 愛情は形で表せない抽象的なものだ。

☑ **03** 一方的に婚約を破棄した。

☑ **04** 生徒の作文を添削する。

☑ **05** 長時間働いたので暫時休みをとる。

☑ **06** ギャンブルが身の破滅を招いた。

☑ **07** 製品の廉価版が発売された。

☑ **08** ネクタイを締めて出勤する。

☑ **09** 資源リサイクルの向上を促す。

☑ **10** 体を揺するのはやめなさい。

合格点 **7**/10 ‖ 1回目 月 日 /**10** ‖ 2回目 月 日 /**10**

解 答	解 説
ひょうちゃく	漂着：海上をただよい、目的地ではないところへ流されること。 出例 漂泊／漂白／漂う
ちゅうしょう	抽象：ある特性・性質をぬき出して、これを一般的なものとしてとらえ、ほかを捨てること。出例 抽出／抽選
はき	破棄：契約や取り決めなどを一方的に取り消すこと。破り捨てること。 出例 棄却／棄権
てんさく	添削：他人の文章や答案、詩歌などを、書き加えたりけずったりして直すこと。 出例 削減／削除／削る／荒削り
ざんじ	暫時：しばらく。少しの時間。 出例 暫定 ✕ぜんじ
はめつ	破滅：家や国、人格などが滅びること。 出例 滅相／滅亡／滅びる／滅ぶ
れんか	廉価：品物の値段が安いこと。安価。 出例 清廉／破廉恥
しめて	締める：ひも状のものなどを巻きつけて固く結ぶ。結んだり引っ張ったりして、ゆるまないようにする。気持ちのたるみをなくす。出例 戸締まり／締結
うながす	促す：相手にそれをするよう勧める。せきたてる。 出例 促進
ゆする	揺する：体や物をゆり動かす。人をおどして金品を出させる。 出例 揺らぐ／揺れる／動揺

次の＿＿線の**漢字の読み**を**ひらがな**で答えよ。

□ **01** 謝って事態を穏便に済ます。

□ **02** 都会の暮らしに幻滅してしまった。

□ **03** 陳腐なせりふに観客が失笑する。

□ **04** 成績優秀者は学費が免除された。

□ **05** 話し合いは決裂した。

□ **06** みそは伝統的な発酵食品である。

□ **07** 娘の屈託のない笑顔にいやされる。

□ **08** 適度な粘りのあるおいしい米だ。

□ **09** ザラザラして粗い素材の布だ。

□ **10** 違法駐車は交通の妨げになる。

合格点
7/10
1回目
月 日 /10
2回目
月 日 /10
頻出度
A

解答	解説
おんびん	穏便：物事の処理のしかたや態度がおだやかなこと。角を立てないこと。 ☒おんべん 出例 平穏／穏当／穏やかだ
げんめつ	幻滅：理想化していた物事が現実とは異なることを知り、落胆すること。 出例 幻影／幻想／幻
ちんぷ	陳腐：古くさいこと。ありふれていてつまらないこと。 出例 陳謝／陳情
めんじょ	免除：義務や役目などを果たさなくてよいとして除くこと。 出例 免税／放免
けつれつ	決裂：会談や交渉などで意見が一致せず、物別れになること。 出例 破裂／分裂／裂ける／裂く
はっこう	発酵：酵母や細菌などの微生物の働きで有機物が分解され、特定の物質を生成する過程。出例 酵母／酵素
くったく	屈託：くよくよすること。一つのことばかり心配すること。出例 託児／委託 豆「屈託のない」は心が晴れ晴れとしている様子のこと
ねばり	粘り：ねばること。また、その性質や程度。耐えて持ちこたえる力。 出例 粘着／粘膜
あらい	粗い：粒やすきまが大きい。細かくない。大まかである。すべすべしていない。 出例 粗削り／粗相／粗悪
さまたげ	妨げ：妨げること。妨げているもの。じゃま。 出例 妨害

読み

同音・同訓異字

漢字識別

熟語の構成

部首

対義語・類義語

漢字と送りがな

四字熟語

誤字訂正

書き取り

同音・同訓異字①

次の___線の**カタカナ**にあてはまる漢字をそれぞれの**ア〜オ**から**一つ**選び、**記号**を答えよ。

□ **01** 映画館で**ホウ**画の名作を見る。

□ **02** 部屋中に**ホウ**香が漂っている。

□ **03** 母は服を**ホウ**製する仕事をしている。

ア	縫
イ	奉
ウ	邦
エ	芳
オ	飽

□ **04** 試合の途中で**キ**権する。

□ **05** 人工衛星の**キ**道を修正する。

□ **06** **キ**存店の売り上げが落ちる。

ア	軌
イ	騎
ウ	企
エ	棄
オ	既

□ **07** 娘の一人旅に強**コウ**に反対する。

□ **08** 人間の心理を操る**コウ**妙な手口だ。

□ **09** 警察に身柄を**コウ**束される。

ア	巧
イ	拘
ウ	甲
エ	郊
オ	硬

解 答	解 説
ウ	邦画（ほうが）：日本の映画。日本画。日本の絵画。 **出例** 邦楽／邦人／邦貨
エ	芳香（ほうこう）：よい香り。 **出例** 芳名／芳香剤／芳志
ア	縫製（ほうせい）：服などをぬい合わせて作ること。 **出例** 縫合／裁縫
エ	棄権（きけん）：権利をすてて使わないこと。 **出例** 破棄／棄却／放棄
ア	軌道（きどう）：天体が運行する道筋。電車などの通る道。線路。 **出例** 軌跡
オ	既存（きそん）：すでにある、以前から存在すること。 **出例** 皆既／既成／既定 **豆**「既存」は「きぞん」とも読む
オ	強硬（きょうこう）：強い態度で自分の主張などを押し通そうとすること。 **出例** 硬化／硬直／生硬
ア	巧妙（こうみょう）：非常にすぐれていてたくみなこと。 **出例** 精巧／技巧／老巧
イ	拘束（こうそく）：行動などの自由を制限すること。 **出例** 拘禁／拘置所

読み｜同音・同訓異字｜漢字識別｜熟語の構成｜部首｜対義語・類義語｜漢字と送りがな｜四字熟語｜誤字訂正｜書き取り

29

同音・同訓異字②

次の＿＿線の**カタカナ**にあてはまる漢字をそれぞれの**ア〜オ**から**一つ**選び、**記号**を答えよ。

☑ **01** 勝利を**ショウ**中に収める。

| ア 昇 |
| イ 掌 |
| ウ 匠 |
| エ 焦 |
| オ 衝 |

☑ **02** **ショウ**燥感にさいなまれている。

☑ **03** 日本画の巨**ショウ**が亡くなった。

☑ **04** 諸事情を**カン**案して判断する。

| ア 換 |
| イ 冠 |
| ウ 勘 |
| エ 肝 |
| オ 敢 |

☑ **05** 試合終了まで果**カン**に攻める。

☑ **06** 災害時は冷静な行動が**カン**要だ。

☑ **07** 知事の考えに**ケイ**発された。

| ア 掲 |
| イ 携 |
| ウ 刑 |
| エ 契 |
| オ 啓 |

☑ **08** 事故を**ケイ**機に安全対策を考える。

☑ **09** 自作の俳句が新聞に**ケイ**載された。

解　答	解　説
イ	掌中：自分の勢力の範囲内。手のひらの中。 出例 掌握／合掌
エ	焦燥：いらだち、あせること。 出例 焦慮／焦点
ウ	巨匠：とくに芸術の分野で際立ってすぐれた人。 出例 意匠／名匠
ウ	勘案：あれこれと考え合わせること。 出例 勘弁／勘違い／勘
オ	果敢：決断力があり、思い切って物事を行うこと。 出例 敢然／敢行／勇敢
エ	肝要：非常に大事なこと。必要なこと。 出例 肝心
オ	啓発：人々の気がつかないような物事について教え、理解を深めさせること。 出例 拝啓／啓示
エ	契機：動機、きっかけのこと。 出例 契約
ア	掲載：新聞や雑誌などに、文や写真などをのせること。 出例 掲示／掲揚

次の＿＿線の**カタカナ**にあてはまる漢字をそれぞれの**ア〜オ**から**一つ**選び、**記号**を答えよ。

☐ **01** 政界の巨大な陰**ボウ**を暴く。

☐ **02** カルシウムが欠**ボウ**している。

☐ **03** **ボウ**大な時間を費やした。

ア	謀
イ	某
ウ	膨
エ	乏
オ	妨

☐ **04** 歌詞の一部を抜**スイ**して紹介する。

☐ **05** クラシック音楽に陶**スイ**する。

☐ **06** 町起こしの活動が**スイ**退していった。

ア	吹
イ	衰
ウ	炊
エ	酔
オ	粋

☐ **07** 不安の声を一**ソウ**する好成績を残した。

☐ **08** 山中で野生の鹿に**ソウ**遇した。

☐ **09** **ソウ**方が納得できる解決法を探す。

ア	双
イ	桑
ウ	騒
エ	遭
オ	掃

解 答	解 説

読み
同音・同訓異字
漢字識別
熟語の構成
部首
対義語・類義語
漢字と送りがな
四字熟語
誤字訂正
書き取り

ア	陰謀：ひそかにたくらむ悪事のこと。悪いはかりごと。 **出例** 無謀／共謀／策謀
エ	欠乏：不足していること。物がとぼしいこと。 **出例** 耐乏
ウ	膨大：量や規模が大きいさま。ふくれて大きくなること。 **出例** 膨張
オ	抜粋：必要な部分やよい部分を抜き出すこと。 **出例** 無粋／純粋／粋
エ	陶酔：うっとりしてその境地に浸ること。気持ちよくようこと。 **出例** 心酔
イ	衰退：おとろえて勢いを失うこと。 **出例** 衰弱／衰微
オ	一掃：残らず取り去ること。一度にはらい去ること。 **出例** 清掃／掃除
エ	遭遇：思いがけない場面で出会うこと。偶然、めぐり会うこと。 **出例** 遭難／遭難者
ア	双方：あちらとこちら。関係しているものの両方。 **出例** 双眼鏡／双生児／無双

33

次の＿＿線の**カタカナ**にあてはまる漢字をそれぞれの**ア〜オ**から**一つ**選び、**記号**を答えよ。

☐ **01** 志半ばで非業の死を<u>ト</u>げる。

☐ **02** 家宝の日本刀を<u>ト</u>ぎに出す。

☐ **03** 毎年お正月に家族写真を<u>ト</u>る。

ア 留
イ 研
ウ 遂
エ 撮
オ 溶

☐ **04** 丘<u>リョウ</u>地に公園がつくられた。

☐ **05** その笑顔は多くの人を魅<u>リョウ</u>した。

☐ **06** 狩<u>リョウ</u>を行うには免許が必要だ。

ア 糧
イ 陵
ウ 猟
エ 療
オ 了

☐ **07** ピアニストの演奏に<u>トウ</u>酔する。

☐ **08** 下ゆでした野菜を冷<u>トウ</u>する。

☐ **09** 天然<u>トウ</u>の撲滅が宣言された。

ア 逃
イ 痘
ウ 陶
エ 倒
オ 凍

解 答	解 説

読み

同音・同訓異字

漢字識別

熟語の構成

部首

対義語・類義語

漢字と送りがな

四字熟語

誤字訂正

書き取り

ウ

遂げる：最後に結果としてそうなる。成し終える。果たす。

イ

研ぐ：刃物などを「と石」や皮でこすって鋭くすること。

エ

撮る：写真を写すこと。

イ

丘陵：小山。おか。なだらかな小山が続いているところ。
出例 陵墓

オ

魅了：人の心を引きつけて、夢中にさせること。
出例 終了／読了／了承

ウ

狩猟：道具を使って、野生の鳥獣を捕らえること。狩り。
出例 禁猟／猟犬

ウ

陶酔：気持ちよく酔うこと。うっとりしてその境地に浸ること。
出例 心酔

オ

冷凍：食品などを腐らせず長期に保存するために、人工的にこおらせること。
出例 凍結／凍傷／凍死

イ

天然痘：とうそうウイルスによる悪性の感染症。
出例 水痘

次の___線の**カタカナ**にあてはまる漢字をそれぞれの**ア～オ**から**一つ**選び、記号を答えよ。

□ **01** おなかの赤ちゃんの<u>タイ</u>動を感じる。

ア 耐
イ 胎
ウ 逮
エ 怠
オ 滞

□ **02** 大雨で作業が停<u>タイ</u>した。

□ **03** <u>タイ</u>慢な対応に腹を立てる。

□ **04** <u>チョウ</u>衆は惜しみない拍手を送った。

ア 聴
イ 跳
ウ 徴
エ 彫
オ 超

□ **05** 常識を<u>チョウ</u>越した発想で成功する。

□ **06** 美術館で<u>チョウ</u>刻を鑑賞する。

□ **07** 平和条約の<u>テイ</u>結を急ぐ。

ア 締
イ 帝
ウ 訂
エ 堤
オ 抵

□ **08** 法改正に合わせて改<u>テイ</u>版を出版する。

□ **09** 電波法に<u>テイ</u>触しないドローンを買った。

読み
同音・同訓異字
漢字識別
熟語の構成
部首
対義語・類義語
漢字と送りがな
四字熟語
誤字訂正
書き取り

解 答	解 説
イ	胎動：母体内でたい児が動くこと。また、その動き。新しい物事が内部で生じようとして動き始めること。**出例** 胎児
オ	停滞：物事がはかどらず、うまく進まないこと。**出例** 滞在／延滞／遅滞
エ	怠慢：なまけおこたること。すべき仕事などをしないこと。
ア	聴衆：講演や音楽などを聞きに集まった人々。ききて。**出例** 傍聴／傾聴／聴取
オ	超越：考えられる程度をはるかにこえていること。**出例** 超過／超人／超一流
エ	彫刻：ほり刻むこと。木や石などをほり込んだりして立体的な像に作ること。また、その作品。**出例** 彫像／彫刻家／木彫
ア	締結：条約などを結ぶこと。
ウ	改訂：書物の内容を改めること。
オ	抵触：触れること。物事が矛盾すること。法律などに反すること。**出例** 大抵／抵抗／抵当

37

漢字識別①

01～05の三つの□に**共通する漢字**を入れて熟語を作れ。漢字は**ア～コ**から**一つ**選び、**記号**を答えよ（**06～10**も同様）。

☑ 01 悲□・□歓・□願

ア	距
イ	混
ウ	隔
エ	伐
オ	質
カ	錯
キ	単
ク	哀
ケ	概
コ	傷

☑ 02 □採・討□・殺□

☑ 03 交□・□誤・□乱

☑ 04 気□・□略・□況

☑ 05 遠□・□離・□絶

☑ 06 停□・□在・□納

ア	穏
イ	納
ウ	易
エ	免
オ	曲
カ	滞
キ	伏
ク	存
ケ	封
コ	談

☑ 07 □鎖・密□・厳□

☑ 08 赦□・□除・□税

☑ 09 □線・潜□・屈□

☑ 10 □便・安□・□当

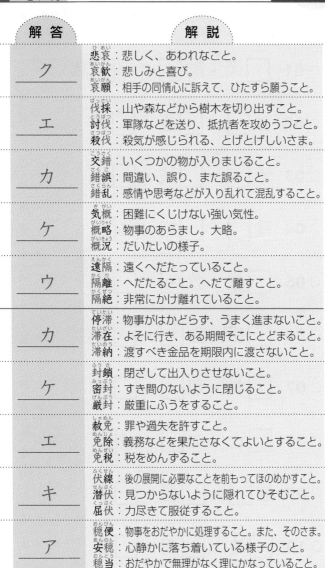

解答	解説

ク

悲哀：悲しく、あわれなこと。
哀歓：悲しみと喜び。
哀願：相手の同情心に訴えて、ひたすら願うこと。

エ

伐採：山や森などから樹木を切り出すこと。
討伐：軍隊などを送り、抵抗者を攻めうつこと。
殺伐：殺気が感じられる、とげとげしいさま。

カ

交錯：いくつかの物が入りまじること。
錯誤：間違い、誤り、また誤ること。
錯乱：感情や思考などが入り乱れて混乱すること。

ケ

気概：困難にくじけない強い気性。
概略：物事のあらまし。大略。
概況：だいたいの様子。

ウ

遠隔：遠くへだたっていること。
隔離：へだたること。へだて離すこと。
隔絶：非常にかけ離れていること。

カ

停滞：物事がはかどらず、うまく進まないこと。
滞在：よそに行き、ある期間そこにとどまること。
滞納：渡すべき金品を期限内に渡さないこと。

ケ

封鎖：閉ざして出入りさせないこと。
密封：すき間のないように閉じること。
厳封：厳重にふうをすること。

エ

赦免：罪や過失を許すこと。
免除：義務などを果たさなくてよいとすること。
免税：税をめんずること。

キ

伏線：後の展開に必要なことを前もってほのめかすこと。
潜伏：見つからないように隠れてひそむこと。
屈伏：力尽きて服従すること。

ア

穏便：物事をおだやかに処理すること。また、そのさま。
安穏：心静かに落ち着いている様子のこと。
穏当：おだやかで無理がなく理にかなっていること。

読み

同音・同訓異字

漢字識別

熟語の構成

部首

対義語・類義語

漢字と送りがな

四字熟語

誤字訂正

書き取り

01～05の三つの□に**共通する漢字**を入れて熟語を作れ。漢字は**ア～コ**から**一つ**選び、**記号**を答えよ（**06～10**も同様）。

☑ **01** □像・配□者・□然

ア	必
イ	湿
ウ	謀
エ	硬
オ	退
カ	情
キ	削
ク	棄
ケ	乗
コ	偶

☑ **02** 強□・□直・□筆

☑ **03** 添□・□減・□除

☑ **04** 陰□・□略・共□

☑ **05** □権・放□・□却

☑ **06** □圧・重□・□魂

ア	緊
イ	微
ウ	綿
エ	衰
オ	鎮
カ	虚
キ	没
ク	死
ケ	複
コ	滅

☑ **07** □収・埋□・□落

☑ **08** □亡・幻□・点□

☑ **09** 空□・□弱・□栄

☑ **10** □迫・□縮・□密

40

解 答	解 説
コ	偶像：神仏をかたどった信仰の対象となる像。 配偶者：夫婦の一方からみた他方。 偶然：思いがけないことが起こるさま。
エ	強硬：強い態度で、容易に妥協しないさま。 硬直：身体や考え方などが、かたくこわばること。 硬筆：ペンや鉛筆など、先のかたい筆記具のこと。
キ	添削：他人の文章などを直すこと。 削減：金額や量などを、けずり減らすこと。 削除：文章やデータなどをけずり取ること。
ウ	陰謀：ひそかに計画する悪事。 謀略：人をおとしいれるためのはかりごと。 共謀：二人以上の者が共同でたくらむこと。
ク	棄権：権利を捨てて使わないこと。 放棄：投げ捨てること。 棄却：捨て去ること。請求をしりぞけること。
オ	鎮圧：暴動などを力で押さえつけること。 重鎮：ある社会などで重きをなす人物。 鎮魂：死者の魂をなぐさめ、しずめること。
キ	没収：強制的に取り上げること。 埋没：うもれて見えなくなること。 没落：栄えていたものがおちぶれること。
コ	滅亡：ほろびてなくなること。 幻滅：理想と現実が異なり、落胆すること。 点滅：灯火がついたり消えたりすること。
カ	空虚：物の内部や心の中になにもなく、むなしいこと。 虚弱：体が弱いこと。 虚栄：外見を飾って実質以上に見せようとすること。
ア	緊迫：状況などがせっぱつまっていること。 緊縮：できる限り支出を切りつめること。 緊密：すきまなくくっつくこと。非常に厳しいこと。

01～05の三つの□に**共通する漢字**を入れて熟語を作れ。漢字は**ア～コ**から**一つ**選び、**記号**を答えよ（**06～10**も同様）。

☑ **01** □悪・□推・□念

ア	奪
イ	弥
ウ	欲
エ	卓
オ	滑
カ	諸
キ	次
ク	邪
ケ	盤
コ	蛮

☑ **02** 争□・略□・強□

☑ **03** 野□・□行・□勇

☑ **04** 円□・□走・□車

☑ **05** □越・食□・□抜

☑ **06** 激□・□行・精□

ア	巧
イ	惜
ウ	陰
エ	聴
オ	随
カ	民
キ	励
ク	惨
ケ	尾
コ	幻

☑ **07** 傾□・傍□・□衆

☑ **08** 夢□・□惑・□影

☑ **09** 追□・□筆・□想

☑ **10** □敗・□別・哀□

解 答	解 説
ク	邪悪（じゃあく）：心がねじ曲がって悪意に満ちていること。 邪推（じゃすい）：ひがみから人の心を悪く推察すること。 邪念（じゃねん）：悪意やたくらみをもった考え。
ア	争奪（そうだつ）：自分のものにしようとして、争ってうばい合うこと。 略奪（りゃくだつ）：暴力で人のものをうばい取ること。 強奪（ごうだつ）：暴力などによって強引に金品をうばうこと。
コ	野蛮（やばん）：文化が開けていないこと。無教養で粗野なこと。 蛮行（ばんこう）：野ばんな行為。 蛮勇（ばんゆう）：向こう見ずの勇気。
オ	円滑（えんかつ）：物事がすらすらと運ぶこと。 滑走（かっそう）：すべるように走ること。 滑車（かっしゃ）：みぞに綱をかけて回転するようにした車。
エ	卓越（たくえつ）：他よりもはるかにすぐれていること。 食卓（しょくたく）：食事に用いるテーブル。 卓抜（たくばつ）：他よりはるかに抜きん出ていること。
キ	激励（げきれい）：はげまして、元気づけること。 励行（れいこう）：決めたことなどを一所懸命に実行すること。 精励（せいれい）：力を尽くして努めはげむこと。
エ	傾聴（けいちょう）：耳を傾けて、熱心に聞くこと。 傍聴（ぼうちょう）：公判などを当事者以外が発言権なしに席場内で聞くこと。 聴衆（ちょうしゅう）：説法や講話などを聞くために集まった人々のこと。
コ	夢幻（むげん）：ゆめとまぼろしのことで、はかないことのたとえ。 幻惑（げんわく）：人の目をまどわすこと。 幻影（げんえい）：まぼろしのこと。また、心に描く姿や形のこと。
オ	追随（ついずい）：後につき従うこと。 随筆（ずいひつ）：見聞や感想などを気ままに書いた文章。 随想（ずいそう）：心に浮かぶまま思うこと。また、その文章。
イ	惜敗（せきはい）：試合などに、わずかな差で負けること。 惜別（せきべつ）：別れをおしむこと。 哀惜（あいせき）：人の死などを悲しみ、おしむこと。

読み / 同音・同訓異字 / 漢字識別 / 熟語の構成 / 部首 / 対義語・類義語 / 漢字と送りがな / 四字熟語 / 誤字訂正 / 書き取り

01～05の三つの□に**共通する漢字**を入れて熟語を作れ。漢字は**ア～コ**から**一つ**選び、**記号**を答えよ（**06～10**も同様）。

☑ **01** 果□・勇□・□闘

ア	誘
イ	憂
ウ	魅
エ	珍
オ	喚
カ	敢
キ	顧
ク	姿
ケ	発
コ	怪

☑ **02** □問・□客・□慮

☑ **03** 勧□・□惑・□致

☑ **04** 奇□・□談・□獣

☑ **05** □起・□声・召□

☑ **06** □駆・□走・□風

ア	譲
イ	貸
ウ	迷
エ	埋
オ	現
カ	匿
キ	疾
ク	脱
ケ	苗
コ	湯

☑ **07** 分□・□歩・□与

☑ **08** 隠□・□名・秘□

☑ **09** □代・早□・□木

☑ **10** □設・□蔵・□没

解　答	解　説

カ
- 果敢：思いきって物事を行うさま。
- 勇敢：いさましく、危険を恐れないこと。
- 敢闘：力を尽くして勇気をもって戦うこと。

キ
- 顧問：団体などの、相談を受け意見を述べる役。
- 顧客：ひいきにしてくれる、得意客。
- 顧慮：しっかり考え、気づかうこと。

ア
- 勧誘：すすめてさそうこと。
- 誘惑：心を迷わせ、さそい込むこと。悪いことにおびき出すこと。
- 誘致：人や会社などを招き寄せること。

コ
- 奇怪：常識では考えられないような不思議なこと。
- 怪談：化け物や幽霊などが出てくる不気味な話。
- 怪獣：あやしい、正体のわからない物・動物。

オ
- 喚起：注意などを呼び起こすこと。
- 喚声：興奮したときに大声で叫ぶ声。
- 召喚：裁判所などが、人を呼び出すこと。

キ
- 疾駆：車や馬などを速く走らせること。
- 疾走：非常に速く走ること。
- 疾風：速く吹く風。はやて。

ア
- 分譲：土地や建物を分割して売ること。
- 譲歩：自分の意見や主張を曲げて妥協すること。
- 譲与：金品や権利などを、ゆずりあたえること。

カ
- 隠匿：隠すこと。秘密にすること。
- 匿名：自分の名前を知らせないこと。
- 秘匿：秘密にして隠しておくこと。

ケ
- 苗代：田植えの前に稲の種をまいてなえを育てる田。
- 早苗：田へ移し植えるころの稲の若いなえ。
- 苗木：樹木のなえ。移植するために育てた若木。

エ
- 埋設：地中にうめて設置すること。
- 埋蔵：天然資源などが地中にうまっていること。
- 埋没：うもれて見えなくなること。

読み

同音・同訓異字

漢字識別

熟語の構成

部首

対義語・類義語

漢字と送りがな

四字熟語

誤字訂正

書き取り

45

熟語の構成①

熟語の構成のしかたには右の□のようなものがある。次の熟語は□の**ア〜オ**のどれに当たるか、**一つ選び記号**を答えよ。

□ **01** 犠牲

□ **02** 棄権

□ **03** 脅威

□ **04** 尊卑

□ **05** 疾走

□ **06** 未遂

□ **07** 暫定

□ **08** 未了

□ **09** 愛憎

□ **10** 慰霊

ア 同じような意味の漢字を重ねたもの
（例＝**善良**）

イ 反対または対応の意味を表す字を重ねたもの
（例＝**細大**）

ウ 前の字が後ろの字を修飾しているもの
（例＝**美談**）

エ 後ろの字が前の字の目的語・補語になっているもの
（例＝**点火**）

オ 前の字が後ろの字の意味を打ち消しているもの
（例＝**不当**）

解答		解説
ア（同じ）	犠牲（ぎせい）	犠 ＝同＝ 牲 どちらも「神を祭る際に供える生き物」の意。
エ（目・補）	棄権（きけん）	棄（放棄する）←目・補 権（利を）
ア（同じ）	脅威（きょうい）	脅 ＝同＝ 威 どちらも「人をおそれさせる」の意。
イ（反対）	尊卑（そんぴ）	尊（い）←反→卑（いやしい）
ウ（修飾）	疾走（しっそう）	疾（はやく） 修→走（る）
オ（打消）	未遂（みすい）	未（否定）×←打消 遂（げる）
ウ（修飾）	暫定（ざんてい）	暫（しばらく） 修→定（める）
オ（打消）	未了（みりょう）	未（否定）×←打消 了（終了）
イ（反対）	愛憎（あいぞう）	愛（する）←反→憎（む）
エ（目・補）	慰霊（いれい）	慰（める）←目・補 霊（を）

熟語の構成②

熟語の構成のしかたには右の□のようなものがある。次の熟語は□の**ア〜オ**のどれに当たるか、**一つ選び**記号を答えよ。

☑ **01** 哀歓

☑ **02** 撮影

☑ **03** 喫茶

☑ **04** 墜落

☑ **05** 娯楽

☑ **06** 徐行

☑ **07** 不滅

☑ **08** 不審

☑ **09** 屈伸

☑ **10** 佳境

ア 同じような意味の漢字を重ねたもの
（例＝**善良**）

イ 反対または対応の意味を表す字を重ねたもの
（例＝**細大**）

ウ 前の字が後ろの字を修飾しているもの
（例＝**美談**）

エ 後ろの字が前の字の目的語・補語になっているもの
（例＝**点火**）

オ 前の字が後ろの字の意味を打ち消しているもの
（例＝**不当**）

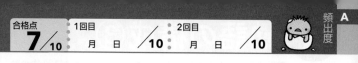

解 答		解 説
イ（反対）	哀歓 あいかん	哀(かなしみ)←反→歓(よろこび)
エ（目・補）	撮影 さつえい	撮(る)←目・補→影(すがたを)
エ（目・補）	喫茶 きっさ	喫(のむ)←目・補→茶(を)
ア（同じ）	墜落 ついらく	墜＝同＝落 どちらも「おちる」の意。
ア（同じ）	娯楽 ごらく	娯＝同＝楽 どちらも「たのしい」の意。
ウ（修飾）	徐行 じょこう	徐(ゆっくりと) 修→行(く)
オ（打消）	不滅 ふめつ	不(否定)×←打消 滅(びる)
オ（打消）	不審 ふしん	不(否定)×←打消 審(はっきり見分ける)
イ（反対）	屈伸 くっしん	屈(かがむ)←反→伸(ばす)
ウ（修飾）	佳境 かきょう	佳(よい) 修→境(状態や場所)

読み

同音・同訓異字

漢字識別

熟語の構成

部首

対義語・類義語

漢字と送りがな

四字熟語

誤字訂正

書き取り

49

熟語の構成③

熟語の構成のしかたには右の□のようなものがある。次の熟語は□の**ア～オ**のどれに当たるか、**一つ選び記号**を答えよ。

☐ **01** 潜水

☐ **02** 幼稚

☐ **03** 精粗

☐ **04** 賢愚

☐ **05** 愚問

☐ **06** 錯誤

☐ **07** 捕鯨

☐ **08** 不吉

☐ **09** 不穏

☐ **10** 濫用

ア 同じような意味の漢字を重ねたもの
（例＝**善良**）

イ 反対または対応の意味を表す字を重ねたもの
（例＝**細大**）

ウ 前の字が後ろの字を修飾しているもの
（例＝**美談**）

エ 後ろの字が前の字の目的語・補語になっているもの
（例＝**点火**）

オ 前の字が後ろの字の意味を打ち消しているもの
（例＝**不当**）

解 答		解 説
エ（目・補）	潜水 せんすい	潜(もぐる) ←**目・補** 水(に)
ア（同じ）	幼稚 ようち	幼 **＝同＝** 稚 どちらも「おさない」の意。
イ（反対）	精粗 せいそ	精(こまかい) ← **反** → 粗(い)
イ（反対）	賢愚 けんぐ	賢(い) ← **反** → 愚(か)
ウ（修飾）	愚問 ぐもん	愚(かな) **修**→ 問(い)
ア（同じ）	錯誤 さくご	錯 **＝同＝** 誤 どちらも「まちがえる」の意。
エ（目・補）	捕鯨 ほげい	捕(まえる) ←**目・補** 鯨(を)
オ（打消）	不吉 ふきつ	不(否定)✕ ←**打消** 吉(めでたいこと)
オ（打消）	不穏 ふおん	不(否定)✕ ←**打消** 穏(やか)
ウ（修飾）	濫用 らんよう	濫(むやみやたらと) **修**→ 用(いる)

読み／同音・同訓異字／漢字識別／熟語の構成／部首／対義語・類義語／漢字と送りがな／四字熟語／誤字訂正／書き取り

51

熟語の構成④

熟語の構成のしかたには右の□のようなものがある。次の熟語は□の**ア〜オ**のどれに当たるか、**一つ選び記号**を答えよ。

☑ **01** 吉凶

☑ **02** 金塊

☑ **03** 悦楽

☑ **04** 超越

☑ **05** 芳香

☑ **06** 乾湿

☑ **07** 解雇

☑ **08** 炊飯

☑ **09** 未完

☑ **10** 不遇

ア 同じような意味の漢字を重ねたもの（例＝**善良**）

イ 反対または対応の意味を表す字を重ねたもの（例＝**細大**）

ウ 前の字が後ろの字を修飾しているもの（例＝**美談**）

エ 後ろの字が前の字の目的語・補語になっているもの（例＝**点火**）

オ 前の字が後ろの字の意味を打ち消しているもの（例＝**不当**）

解　答	解　説	

読　み

同音・同訓異字

漢字識別

熟語の構成

部　首

対義語・類義語

漢字と送りがな

四字熟語

誤字訂正

書き取り

イ（反対）	吉凶 きっきょう	吉（よいこと）← 反 →凶（悪いこと）
ウ（修飾）	金塊 きんかい	金（の） 修→塊
ア（同じ）	悦楽 えつらく	悦 ＝同＝ 楽 どちらも「よろこぶ」の意。
ア（同じ）	超越 ちょうえつ	超 ＝同＝ 越 どちらも「こえる」の意。
ウ（修飾）	芳香 ほうこう	芳（よい） 修→香（り）
イ（反対）	乾湿 かんしつ	乾（く）← 反 →湿（る）
エ（目・補）	解雇 かいこ	解（く）←目・補 雇（用を）
エ（目・補）	炊飯 すいはん	炊（く）←目・補 飯（ご飯を）
オ（打消）	未完 みかん	未（否定）×←打消 完（成）
オ（打消）	不遇 ふぐう	不（否定）×←打消 遇（めぐりあわせ）

部首①

次の漢字の**部首**を**ア〜エ**から**一つ**選び、**記号**で答えよ。

☐ **01**	墨	ア 黒	イ 土	ウ 灬	エ 里
☐ **02**	葬	ア 艹	イ 歹	ウ ヒ	エ 廾
☐ **03**	逮	ア 隶	イ 氺	ウ 亅	エ 辶
☐ **04**	更	ア 一	イ ノ	ウ 十	エ 口
☐ **05**	衰	ア 衣	イ 亠	ウ 口	エ 一
☐ **06**	癖	ア 辛	イ 尸	ウ 口	エ 疒
☐ **07**	衝	ア 彳	イ 里	ウ 行	エ 亅
☐ **08**	慰	ア 示	イ 尸	ウ 寸	エ 心
☐ **09**	暫	ア 斤	イ 車	ウ 十	エ 日
☐ **10**	励	ア 一	イ ノ	ウ 厂	エ 力
☐ **11**	超	ア 刀	イ 口	ウ 走	エ 土
☐ **12**	郭	ア 子	イ 亠	ウ 口	エ 阝
☐ **13**	窒	ア 宀	イ 穴	ウ 至	エ 土
☐ **14**	卑	ア 田	イ 十	ウ ノ	エ 白
☐ **15**	奪	ア 寸	イ 隹	ウ ノ	エ 大

解 答	解 説
イ	土：つち **出例** 墾/塗/墜/墓もよく出る
エ	艹：くさかんむり **出例** 藩/菊/華/蒸もよく出る
エ	辶：しんにょう　しんにゅう **出例** 遵/遭/遂/遇もよく出る
エ	口：くち **出例** 哲/啓/吉/商もよく出る
ア	衣：ころも **出例** 裂/袋/裁/襲もよく出る
エ	疒：やまいだれ **出例** 痘/疾もよく出る
ウ	行：ぎょうがまえ　ゆきがまえ **出例** 街/術/衛もよく出る
エ	心：こころ **出例** 慈/憩/憲/慮もよく出る
エ	日：ひ **出例** 昇/暦/昼/曇もよく出る
エ	力：ちから **出例** 募/勘/勉/勝もよく出る
ウ	走：そうにょう **出例** 赴/越もよく出る
エ	阝：おおざと **出例** 郊/邪/郷/邦もよく出る
イ	穴：あなかんむり **出例** 窓/突もよく出る
イ	十：じゅう **出例** 卓/卒/博もよく出る
エ	大：だい **出例** 契/奇/奉/奥もよく出る

読み　同音・同訓異字　漢字識別　熟語の構成　部首　対義語・類義語　漢字と送りがな　四字熟語　誤字訂正　書き取り

部首②

次の漢字の**部首**を**ア〜エ**から**一つ**選び、**記号**で答えよ。

□ 01	虐	ア 一	イ 广	ウ 厂	エ 虍
□ 02	魔	ア 鬼	イ 广	ウ 木	エ 儿
□ 03	畜	ア 田	イ 亠	ウ 幺	エ 玄
□ 04	掛	ア 卜	イ 扌	ウ 十	エ 土
□ 05	宴	ア 曰	イ 女	ウ 宀	エ 亠
□ 06	某	ア 木	イ 日	ウ 一	エ 甘
□ 07	瀬	ア 氵	イ 頁	ウ 口	エ 木
□ 08	欧	ア 匚	イ 欠	ウ 乚	エ 人
□ 09	籍	ア 竹	イ 耒	ウ 日	エ 木
□ 10	翻	ア 田	イ 羽	ウ 釆	エ 米
□ 11	克	ア 儿	イ 十	ウ 口	エ 一
□ 12	膨	ア 彡	イ 士	ウ 豆	エ 月
□ 13	我	ア 丶	イ 扌	ウ 戈	エ 一
□ 14	倣	ア 亻	イ 方	ウ 攵	エ 亠
□ 15	帝	ア 巾	イ 立	ウ 冖	エ 亠

解 答	解 説
エ	虍：とらがしら　とらかんむり **出例** 虚もよく出る
ア	鬼：おに **出例** 魂／鬼もよく出る
ア	田：た **出例** 甲／畳／男もよく出る
イ	扌：てへん **出例** 擁／搾／控／擦もよく出る
ウ	宀：うかんむり **出例** 審／察／密もよく出る
ア	木：き **出例** 案／桑／架／棄もよく出る
ア	氵：さんずい **出例** 漏／濫／湾／準もよく出る
イ	欠：あくび　かける **出例** 欺／欲もよく出る
ア	竹：たけかんむり **出例** 簿／符／篤／範もよく出る
イ	羽：はね **出例** 翌／翼もよく出る
ア	儿：ひとあし　にんにょう **出例** 免もよく出る
エ	月：にくづき **出例** 膜／腕もよく出る
ウ	戈：ほこづくり　ほこがまえ **出例** 戯／成／戦／戒もよく出る
ア	亻：にんべん **出例** 伐／催／倒／偶もよく出る
ア	巾：はば **出例** 幕／常もよく出る

読み　同音・同訓異字　漢字識別　熟語の構成　部首　対義語・類義語　漢字と送りがな　四字熟語　誤字訂正　書き取り

対義語・類義語①

右の□内のひらがなを一度だけ使い、漢字**一字**に直して□に入れ、**対義語・類義語**を作れ。

対義語

☑ **01**　華美 ↔ 質□

☑ **02**　妨害 ↔ □力

☑ **03**　違反 ↔ 遵□

☑ **04**　冗漫 ↔ □潔

☑ **05**　遠隔 ↔ 近□

類義語

☑ **06**　卓越 ＝ 抜□

☑ **07**　憂慮 ＝ 心□

☑ **08**　克明 ＝ 丹□

☑ **09**　正邪 ＝ 是□

☑ **10**　該当 ＝ □合

かん
きょう
ぐん
しゅ
せつ
そ
てき
ねん
ぱい
ひ

頻出度

A

合格点
7/10

1回目
月　日　/10

2回目
月　日　/10

解答	解説
質素 しっそ	華美：華やかで美しいこと。また、華やかすぎて不相応なこと。 質素：飾りけのないこと。**出例** 豪華 ↔ 質素
協力 きょうりょく	妨害：さまたげること。邪魔をすること。 協力：力をあわせて努力すること。
遵守 じゅんしゅ	違反：法規や協定などに背いて従わないこと。 遵守：法律や規則、道徳などに従い、まもること。
簡潔 かんけつ	冗漫：しまりがなく、むだが多いこと。 簡潔：表現がかん単で、要領を得ているさま。 **出例** 冗長 ↔ 簡潔
近接 きんせつ	遠隔：遠くへだたっていること。 近接：近くにあること。近づくこと。
抜群 ばつぐん	卓越：他よりもはるかにすぐれていること。 抜群：多くの中でとくにすぐれ、抜きんでていること。 **出例** 非凡 ＝ 抜群　**類義語** 無比
心配 しんぱい	憂慮：うれえて思い悩むこと。 心配：先行きなどを不安に思うこと。 **類義語** 心痛
丹念 たんねん	克明：細かな点にまで気を配ること。 丹念：真心を込めて丁寧にすること。 **類義語** 入念
是非 ぜひ	正邪：正しいことと、よこしまなこと。善と悪。 是非：よいことと悪いこと。 **出例** 可否 ＝ 是非　**類義語** 曲直
適合 てきごう	該当：ある条件や資格などに当てはまること。 適合：ある条件などに、うまく当てはまること。

読み

同音・同訓異字

漢字識別

熟語の構成

部首

対義語・類義語

漢字と送りがな

四字熟語

誤字訂正

書き取り

対義語・類義語②

右の□内のひらがなを一度だけ使い、漢字**一字**に
直して□に入れ、**対義語・類義語**を作れ。

対義語

☑ 01 潤沢 ↔ □乏

☑ 02 丁重 ↔ 粗□

☑ 03 侵害 ↔ 擁□

☑ 04 衰微 ↔ 繁□

☑ 05 創造 ↔ □倣

類義語

☑ 06 魂胆 = 意□

☑ 07 辛抱 = □慢

☑ 08 鼓舞 = □励

☑ 09 没頭 = □念

☑ 10 高低 = 起□

えい

が

げき

けつ

ご

せん

と

ふく

も

りゃく

解答 / 解説

欠乏（けつぼう）
潤沢：物資などが豊富にあること。
欠乏：物がとぼしいこと。
類義語 不足

粗略（そりゃく）
丁重：ていねいなこと。
粗略：いい加減な扱い方をすること。ぞんざい。

擁護（ようご）
侵害：他者の権利などを侵して損なうこと。
擁護：他者を害から守ること。

繁栄（はんえい）
衰微：盛んだったものが衰えること。
繁栄：さかえて発展すること。
出例 没落 ↔ 繁栄

模倣（もほう）
創造：新たに作り出すこと。
模倣：他の物をまねること。
出例 独創 ↔ 模倣

意図（いと）
魂胆：たくらみ。
意図：何かをしようと考えている事柄。おもわく。
出例 心算 = 意図

我慢（がまん）
辛抱：つらいことなどをがまんすること。
我慢：耐え忍ぶこと。

激励（げきれい）
鼓舞：人の気持ちをふるい立たせること。
激励：はげまして、元気づけること。

専念（せんねん）
没頭：他のことを忘れ、一つのことだけに熱中すること。
専念：あることに心を集中すること。 類義語 熱中

起伏（きふく）
高低：高さや程度が高いことと低いこと。
起伏：高くなったり低くなったりしていること。

右の□内のひらがなを一度だけ使い、漢字**一字**に直して□に入れ、**対義語・類義語**を作れ。

対義語

☑ 01 具体 ↔ 抽□

☑ 02 緩慢 ↔ 敏□

☑ 03 修繕 ↔ 破□

☑ 04 追加 ↔ □減

☑ 05 極楽 ↔ 地□

類義語

☑ 06 我慢 = □抱

☑ 07 決心 = 覚□

☑ 08 監禁 = □閉

☑ 09 未熟 = 幼□

☑ 10 怠慢 = □着

おう

ご

ごく

さく

しょう

しん

そく

そん

ち

ゆう

読み／同音同訓異字／漢字識別／熟語の構成／部首／対義語・類義語／漢字と送りがな／四字熟語／誤字訂正／書き取り

解答	解説
抽象 ちゅうしょう	具体：直接に認識できる形や内容を持つこと。 抽象：事物などの、ある性質や共通性に着目し、それを抜き出して把握すること。
敏速 びんそく	緩慢：動作などが緩やかなこと。のろいこと。 敏速：行動などがすばやいこと。
破損 はそん	修繕：建物や品物の、壊れたり悪くなったりしたところを直すこと。 破損：壊れること。
削減 さくげん	追加：後からさらに加えること。 削減：金額や量などを、けずり減らすこと。 類義語 削除
地獄 じごく	極楽：死後に迎えられる苦しみのない理想郷。 地獄：現世で悪業を行った者が死後に苦しみを受けるとされる世界。
辛抱 しんぼう	我慢：耐え忍ぶこと。 辛抱：つらいことなどをがまんすること。
覚悟 かくご	決心：物事に対して心を決めること。考えを決めること。 覚悟：困難を予想し心構えをすること。 出例 決意＝覚悟
幽閉 ゆうへい	監禁：人を一定の場所に閉じ込め、行動の自由を奪うこと。 幽閉：人を閉じ込めて外に出さないこと。
幼稚 ようち	未熟：学業や技術の習熟が十分でないこと。 幼稚：おさないこと。考え方が未熟なこと。 対義語 老成／老練
横着 おうちゃく	怠慢：なまけおこたること。 横着：なまけること。ずうずうしいこと。

対義語・類義語④

右の□内のひらがなを一度だけ使い、漢字**一字**に直して□に入れ、**対義語・類義語**を作れ。

対義語

☑ **01** 興隆 ↔ □退

☑ **02** 栄誉 ↔ 恥□

☑ **03** 安定 ↔ 動□

☑ **04** 穏健 ↔ □激

☑ **05** 一般 ↔ 特□

類義語

☑ **06** 重体 ＝ □篤

☑ **07** 漂泊 ＝ □浪

☑ **08** 計算 ＝ □定

☑ **09** 図書 ＝ 書□

☑ **10** 繁栄 ＝ □盛

か
かん
き
しゅ
じょく
すい
せき
ほう
よう
りゅう

解答 / 解説

解答	解説
衰退（すいたい）	興隆：物事がおこって盛んになること。 衰退：おとろえて勢いを失うこと。 類義語 衰微
恥辱（ちじょく）	栄誉：輝かしい名誉のこと。 恥辱：はずかしめ。 出例 名誉 ↔ 恥辱
動揺（どうよう）	安定：物事が落ち着いて変動の少ないこと。 動揺：ゆれうごくこと。気持ちなどが不安定になること。
過激（かげき）	穏健：言動などがおだやかでしっかりしていること。 過激：度を越して激しいこと。
特殊（とくしゅ）	一般：ごく当たり前であること。 特殊：ふつうと異なること。 出例 普通 ↔ 特殊
危篤（きとく）	重体：病気やけがの程度が重く、命にかかわる状態。 危篤：病などが非常に重く、死にそうなこと。 出例 重態 ＝ 危篤
放浪（ほうろう）	漂泊：流れ漂うこと。さまようこと。 放浪：あてもなくさまよい歩くこと。
勘定（かんじょう）	計算：物の数量を数えること。 勘定：物の数や金銭などを数えること。
書籍（しょせき）	図書：書籍、書物、本のこと。 書籍：本、書物、図書のこと。多くの場合、雑誌と区別して書籍という。
隆盛（りゅうせい）	繁栄：さかえて発展すること。 隆盛：勢いが盛んなこと。

対義語・類義語⑤

右の□内のひらがなを一度だけ使い、漢字**一字**に直して□に入れ、**対義語・類義語**を作れ。

対義語

☑ 01 精密 ↔ 粗□

☑ 02 一般 ↔ □殊

☑ 03 倹約 ↔ 浪□

☑ 04 保守 ↔ □新

☑ 05 地獄 ↔ □楽

類義語

☑ 06 華美 = □手

☑ 07 廉価 = 安□

☑ 08 借金 = □債

☑ 09 熱中 = 没□

☑ 10 解雇 = 免□

かく
ごく
ざつ
しょく
とう
とく
ね
は
ひ
ふ

頻出度 A

合格点
7/10

1回目
　月　日 /10

2回目
　月　日 /10

解　答	解　説
粗雑 そ ざつ	精密：きわめて細かく詳しいこと。正確なこと。 粗雑：あらっぽく、ざつなこと。 出例　精巧 ↔ 粗雑
特殊 とくしゅ	一般：ごく当たり前であること。 特殊：ふつうと異なること。 出例　普通 ↔ 特殊
浪費 ろう ひ	倹約：むだ遣いをしないようにすること。 　　　節約。 浪費：金銭や時間などをむだに使うこと。
革新 かくしん	保守：旧来の伝統などを尊重し、守ろうと 　　　すること。 革新：旧来の制度などを新しくすること。
極楽 ごくらく	地獄：現世で悪業を行った者が死後に苦し 　　　みを受けるとされる世界。 極楽：死後に迎えられる苦しみのない理想郷。
派手 は で	華美：華やかで美しいこと。また、華やか 　　　すぎて不相応なこと。 派手：姿や形、行動などが華やかで人目を引くこと。
安値 やす ね	廉価：品物の価格が安いこと。 安値：価格が安いこと。
負債 ふ さい	借金：金銭を借りること。借りた金銭。 負債：他から金品を借りて、返済の義務を負うこと。 　　　また、その借りたもの。出例　債務＝負債
没頭 ぼっとう	熱中：一つの物事に集中すること。夢中に 　　　なること。 没頭：他のことを忘れ、一つのことだけに熱中すること。
免職 めんしょく	解雇：使用者側から雇用契約を解除すること。 免職：仕事をやめさせること。 対義語　雇用／採用　類義語　解任

読 み

同音・同訓異字

漢字識別

熟語の構成

部 首

対義語・類義語

漢字と送りがな

四字熟語

誤字訂正

書き取り

対義語・類義語⑥

右の□内のひらがなを一度だけ使い、漢字**一字**に
直して□に入れ、**対義語・類義語**を作れ。

対義語

☑ **01** 承諾 ↔ □退

☑ **02** 抑制 ↔ 促□

☑ **03** 郊外 ↔ □心

☑ **04** 分裂 ↔ □一

☑ **05** 進展 ↔ 停□

類義語

☑ **06** 露見 = 発□

☑ **07** 容赦 = 勘□

☑ **08** 完遂 = □成

☑ **09** 展示 = 陳□

☑ **10** 回顧 = □憶

かく

じ

しん

たい

たっ

つい

と

とう

べん

れつ

解 答　　　　　　解 説

解答	解説
辞退（じたい）	承諾（しょうだく）：相手の依頼や申し出などを聞いて、引き受けること。 辞退（じたい）：へりくだって断ること。**出例** 受諾（じゅだく） ↔ 辞退（じたい）
促進（そくしん）	抑制（よくせい）：勢いや感情などをおさえとどめること。 促進（そくしん）：物事がはかどるように、うながしてすすめること。
都心（としん）	郊外（こうがい）：市街地の周辺の地域。 都心（としん）：その地域の政治・経済の中心になっている部分の中心部。とくに東京の中心部。
統一（とういつ）	分裂（ぶんれつ）：一つのものが、いくつかに分かれること。 統一（とういつ）：多くのものを一つにまとめて組織化すること。
停滞（ていたい）	進展（しんてん）：物事が進歩し、発展すること。 停滞（ていたい）：物事がはかどらず、うまく進行しないこと。とどこおること。
発覚（はっかく）	露見（ろけん）：悪事など隠していたことがばれること。 発覚（はっかく）：隠していた罪などが人に知れること。
勘弁（かんべん）	容赦（ようしゃ）：許すこと。 勘弁（かんべん）：罪や不都合なことを許すこと。
達成（たっせい）	完遂（かんすい）：物事を完全にやり遂げること。 達成（たっせい）：物事をやり遂げること。
陳列（ちんれつ）	展示（てんじ）：作品や品物を並べて一般に公開すること。 陳列（ちんれつ）：人に見せるために物品を並べること。
追憶（ついおく）	回顧（かいこ）：過去のことを思い起こすこと。 追憶（ついおく）：過去を思い出すこと。 **出例** 回想（かいそう）＝追憶（ついおく）　**類義語** 追想（ついそう）

読み／同音・同訓異字／漢字識別／熟語の構成／部首／対義語・類義語／漢字と送りがな／四字熟語／誤字訂正／書き取り

対義語・類義語⑦

右の□内のひらがなを一度だけ使い、漢字**一字**に直して□に入れ、**対義語・類義語**を作れ。

対義語

☑ 01 賢明 ↔ □愚

☑ 02 詳細 ↔ 概□

☑ 03 怠慢 ↔ □勉

☑ 04 強情 ↔ 従□

☑ 05 助長 ↔ 阻□

類義語

☑ 06 了解 = 納□

☑ 07 漂泊 = 放□

☑ 08 官吏 = □人

☑ 09 形見 = □品

☑ 10 手柄 = 功□

あん
い
がい
きん
じゅん
せき
とく
やく
りゃく
ろう

解　答	解　説
暗愚 （あん ぐ）	賢明：賢くて適切な処置や判断を下せるさま。 暗愚：物事の道理がわからず、おろかなこと。
概略 （がいりゃく）	詳細：細部にわたって詳しいこと。詳しい事情。 概略：物事のあらまし。 対義語 委細　類義語 概要
勤勉 （きん べん）	怠慢：なまけおこたること。 勤勉：仕事や学問などに、一生懸命にはげむこと。
従順 （じゅうじゅん）	強情：意地が強いこと。一度決めた考えなどを変えようとしないこと。 従順：素直で人の意見によく従うこと。
阻害 （そ がい）	助長：力を添えて、成長や発展を助けること。 阻害：じゃますること。物事を妨げて進行させないこと。　類義語 邪魔
納得 （なっ とく）	了解：物事を理解して承知すること。 納得：他者の考えなどを十分に理解して認めること。
放浪 （ほうろう）	漂泊：流れ漂うこと。さまようこと。 放浪：あてもなくさまよい歩くこと。
役人 （やくにん）	官吏：公務員。特に国家公務員。 役人：行政機関に勤めて公務を行う人。
遺品 （い ひん）	形見：死んだ人や別れた人を思い出すよりどころになるもののこと。 遺品：死んだ人の残した物。
功績 （こうせき）	手柄：立派な働き。 功績：すばらしい成果を発揮すること。

読み

同音・同訓異字

漢字識別

熟語の構成

部首

対義語・類義語

漢字と送りがな

四字熟語

誤字訂正

書き取り

対義語・類義語⑧

右の□内のひらがなを一度だけ使い、漢字**一字**に
直して□に入れ、**対義語・類義語**を作れ。

対義語

☑ **01** 進展 ↔ □滞

☑ **02** 優雅 ↔ 粗□

☑ **03** 抽象 ↔ □体

☑ **04** 卑屈 ↔ □大

☑ **05** 促進 ↔ 抑□

類義語

☑ **06** 平定 ＝ 鎮□

☑ **07** 欠乏 ＝ 不□

☑ **08** 決心 ＝ □悟

☑ **09** 幽閉 ＝ 監□

☑ **10** 期待 ＝ 嘱□

あつ
かく
きん
ぐ
せい
そく
そん
てい
ぼう
や

解 答	解 説
停滞 <small>ていたい</small>	進展：物事が進歩し、発展すること。 停滞：物事がはかどらず、うまく進行しな 　　　いこと。とどこおること。
粗野 <small>そ や</small>	優雅：しとやかで美しく、気品があること。 粗野：言動があらあらしく、下品なこと。
具体 <small>ぐ たい</small>	抽象：事物などの、ある性質や共通性に着 　　　目し、それを抜き出して把握すること。 具体：直接に認識できる形や内容を持つこと。
尊大 <small>そんだい</small>	卑屈：いじけて自分をいやしめること。 尊大：いばって偉そうな態度をとること。 **出例** 卑下 ↔ 尊大
抑制 <small>よくせい</small>	促進：物事がはかどるように、うながして 　　　進めること。 抑制：勢いや感情などをおさえとどめること。
鎮圧 <small>ちんあつ</small>	平定：反乱などをしずめて世の中をおだや 　　　かにすること。 鎮圧：暴動などを力で押さえつけること。
不足 <small>ふ そく</small>	欠乏：物がとぼしいこと。 不足：たりないこと。
覚悟 <small>かく ご</small>	決心：物事に対して心を決めること。考え 　　　を決めること。 覚悟：困難を予想し心構えをすること。**出例** 決意＝覚悟
監禁 <small>かんきん</small>	幽閉：人を閉じ込めて外に出さないこと。 監禁：人を一定の場所に閉じ込め、行動の 　　　自由を奪うこと。
嘱望 <small>しょくぼう</small>	期待：将来そのことが実現するようにとの 　　　ぞみをかけて待つこと。 嘱望：人の将来にのぞみをかけること。

読　み

同音・同訓異字

漢字識別

熟語の構成

部　首

対義語・類義語

漢字と送りがな

四字熟語

誤字訂正

書き取り

漢字と送りがな①

次の___線の**カタカナ**を**漢字一字**と**送りがな（ひらがな）**に直せ。　質問に**コタエル**。 答える

☑ **01** 江戸時代から代々、薬を**アキナウ**。

☑ **02** 国民にさらなる負担を**シイル**。

☑ **03** 部下たちの努力に**ムクイル**。

☑ **04** 皆様**スコヤカニ**お過ごしくださいませ。

☑ **05** **スミヤカナ**対応を求める。

☑ **06** 万全の状態で試合に**ノゾム**。

☑ **07** 兄はいつも**ホガラカダ**。

☑ **08** 式典は**オゴソカニ**進行していった。

☑ **09** 郊外に新居を**カマエル**。

☑ **10** 大事なことから目を**ソムケル**。

解答	解説
商う	商（あきな）う：利益を上げるために品物の売買をする。 ✗ 商なう
強いる	強（し）いる：相手の意志を無視して、むりにやらせる。強制する。
報いる	報（むく）いる：受けたことに対して、ふさわしい行為を相手にする。
健やかに	健（すこ）やか：体が丈夫なさま。元気なさま。
速やかな	速（すみ）やか：はやいさま。手間取らないさま。
臨む	臨（のぞ）む：場所などを目の前にする。ある機会に向かい合う。 ✗ 望む
朗らかだ	朗（ほが）らか：心が晴れ晴れとしているさま。快活なさま。 ✗ 浪らかだ
厳かに	厳（おごそ）か：重厚で近づきがたいこと。 出例 厳しい
構える	構（かま）える：作り上げること。 出例 構う
背ける	背（そむ）ける：顔や視線をそらす。 出例 背く

読み　同音・同訓異字　漢字識別　熟語の構成　部首　対義語・類義語　漢字と送りがな　四字熟語　誤字訂正　書き取り

75

漢字と送りがな②

次の＿＿線の**カタカナ**を**漢字一字**と**送りがな**（**ひらがな**）に直せ。 質問に<u>コタエル</u>。 答える

☑ **01** 時代の流れに<u>サカラウ</u>企画だ。

☑ **02** 畑を<u>タガヤシ</u>て野菜をつくる。

☑ **03** 自首するよう説得を<u>ココロミル</u>。

☑ **04** 心無い声が<u>アビセ</u>られた。

☑ **05** 細く割った薪をひもで<u>ユワエル</u>。

☑ **06** 学業で<u>イチジルシイ</u>成果をあげる。

☑ **07** 病人を<u>タダチニ</u>病院へ搬送する。

☑ **08** 三人分の弁当を<u>タイラゲル</u>。

☑ **09** 選考委員の末席に名を<u>ツラネテ</u>いる。

☑ **10** 家族で旅館を<u>イトナンデ</u>いる。

解 答	解 説
逆らう	逆らう：物事の流れや世の中の動きなどに対して、反対のほうに進もうとする。反抗する。
耕し	耕す：作物を作る準備のために、田畑の土を掘り返す。 ✕ 耕やし　音読 コウ
試みる	試みる：効力などを調べるために、実際にやって確かめる。ためしにやってみる。 ✕ 心みる　出例 試す
浴びせ	浴びせる：相手に何らかの行為や非難の声などを続けざまに投げかける。水や湯などを勢いよく相手にかける。✕ 浴せ　出例 浴びる
結わえる	結わえる：ひもなどでむすぶ。しばる。 ✕ 結える
著しい	著しい：はっきりとわかるさま。
直ちに	直ちに：時間を置かずに。すぐ。 音読 チョク・ジキ
平らげる	平らげる：食べ物を全部食べてしまう。世をしずめる。 ✕ 平げる
連ねて	連ねる：関係者として加わること。列になるように並べること。 出例 連なる
営んで	営む：生活のために仕事をする。忙しく仕事をする。 ✕ 営なんで

漢字と送りがな③

次の___線の**カタカナ**を**漢字一字**と**送りがな（ひ
らがな）**に直せ。　　　質問に<u>コタエル</u>。|答える|

☐ **01** 工場の誘致で町が<u>サカエル</u>。

☐ **02** 制度の存続が<u>アヤブマレル</u>。

☐ **03** 災害に<u>ソナエテ</u>食料を確保する。

☐ **04** 真実かどうか<u>ウタガワシイ</u>。

☐ **05** 応援団が<u>イサマシイ</u>応援歌を歌う。

☐ **06** 十五分ほど<u>ムラシ</u>てからご飯をよそう。

☐ **07** のんびりと川につり糸を<u>タラシタ</u>。

☐ **08** 有料の公衆トイレを<u>モウケル</u>。

☐ **09** 王族の血を<u>タヤス</u>ことはできない。

☐ **10** 市長の方針に異議を<u>トナエタ</u>。

合格点	1回目			2回目		
7/10	月	日	/10	月	日	/10

解　答	解　説
栄える	栄える：勢いがさかんになる。繁えいする。 ✗ 盛える
危ぶまれる	危ぶむ：よくない結果になるのではないか と思うこと。 出例 危うい／危ない
備えて	備える：何らかの物事に対して前もって準 備をする。必要な物をそろえておく。 ✗ 供えて　出例 備わる
疑わしい	疑わしい：本当にそのとおりかどうかわか らない。不確実である。 ✗ 疑がわしい
勇ましい	勇ましい：活気にあふれて人を奮い立たせ るさま。勇気があって危険を恐れないさま。 音読 ユウ
蒸らし	蒸らす：炊き上がった飯などが、むれるよ うにする。 出例 蒸れる
垂らした	垂らす：たれるようにする。液体などを少 しずつ上から流す。 音読 スイ　出例 垂れる
設ける	設ける：建物や機関などを設置する。前も って準備をする。 音読 セツ
絶やす	絶やす：すっかりなくす。なくなったまま にしておく。 音読 ゼツ
唱えた	唱える：主張する。特定の文句などを声を 立てて読む。 熟語 独唱／復唱

読　み

同音・同訓異字

漢字識別

熟語の構成

部　首

対義語・類義語

漢字と送りがな

四字熟語

誤字訂正

書き取り

四字熟語①

文中の**四字熟語**の___線の**カタカナ**を**漢字二字**に直せ。

☐ **01** 深山ユウコクに分け入る。

☐ **02** 取捨センタクを迫られた。

☐ **03** 順風マンパンの人生だ。

☐ **04** 人の性格は**千差**バンベツだ。

☐ **05** ダイタン**不敵**な犯行が行われた。

☐ **06** **無我**ムチュウで演奏を終える。

☐ **07** セイレン**潔白**な人柄だ。

☐ **08** **複雑**カイキな人間関係に悩む。

☐ **09** 孤立したのは**因果**オウホウだ。

☐ **10** **温故**チシンで昔の生活を体験する。

解 答	解 説
しんざんゆうこく **深山幽谷**	人里を離れた奥深い山山や、物の形がはっきりしないほど深い谷。 **出例** 「深山」も問われる
しゅしゃせんたく **取捨選択**	不要な物を捨て、必要な物をえらびとること。 **出例** 「取捨」も問われる
じゅんぷうまんぱん **順風満帆**	船のほが風をいっぱいに受けて快く進む様子から、物事が順調に進むこと。 **出例** 「順風」も問われる
せんさばんべつ **千差万別**	物事にはさまざまな種類や違いがあること。 **出例**「千差」も問われる **豆**「万別」は「まんべつ」とも読む **類義語** 多種多様／千人十色
だいたんふてき **大胆不敵**	度胸があって、何者をも恐れないこと。 **出例** 「不敵」も問われる
むがむちゅう **無我夢中**	何かに心を注ぐあまり、われを忘れた状態になること。 **✕** 無中 **出例** 「無我」も問われる **類義語** 一心不乱
せいれんけっぱく **清廉潔白**	心がきよらかで、私欲や不正がまったくないさま。 **出例** 「潔白」も問われる **類義語** 青天白日
ふくざつかいき **複雑怪奇**	事情が込み入っていてわかりづらく、不思議なこと。 **出例** 「複雑」も問われる **対義語** 単純明快
いんがおうほう **因果応報**	前世や過去の行いの善悪におうじて、そのむくいがあるということ。 **出例** 「因果」も問われる
おんこちしん **温故知新**	古い事柄を調べ、あたらしい知識や道理を得ること。 **出例** 「温故」も問われる **豆**「故きを温ねて新しきを知る」とも読む

文中の**四字熟語**の＿＿線の**カタカナ**を**漢字二字**に
直せ。

☑ **01** さかんに**ガデン**引水の説を唱える。

☑ **02** 初孫を抱いて**カンガイ**無量だ。

☑ **03** それは**言語ドウダン**の行為だ。

☑ **04** **コウゲン**令色にうんざりする。

☑ **05** 終始**イッカン**した態度をとる。

☑ **06** 物事は条件により**千変バンカ**する。

☑ **07** 妹は**天衣ムホウ**に振る舞った。

☑ **08** 父の忠告も兄には**馬耳トウフウ**だ。

☑ **09** 平身**テイトウ**して謝る。

☑ **10** 優勝して**面目ヤクジョ**となった。

解答・解説

我田引水（がでんいんすい）
自分のたんぼにだけ水を引き入れる意から、自分に都合のよいように考えたり行ったりすること。
出例「引水」も問われる　類義語 手前勝手

感慨無量（かんがいむりょう）
はかり知れないほど深く身にしみて感じること。
出例「無量」も問われる

言語道断（ごんごどうだん）
言葉で言い表せないほど、ひどいこと。
出例「言語」も問われる

巧言令色（こうげんれいしょく）
言葉を飾り、表情もとりつくろって人にこびること。
出例「令色」も問われる

終始一貫（しゅうしいっかん）
態度や考えなどが、始めから終わりまで変わらないこと。
出例「終始」も問われる　類義語 首尾一貫

千変万化（せんぺんばんか）
さまざまに変化すること。
出例「千変」も問われる
豆「千変」は、「せんべん」とも読む

天衣無縫（てんいむほう）
人柄が無邪気なこと。天人の着物にはぬい目がないことから、詩歌などに細工のあとがなく、自然で美しいこと。出例「天衣」も問われる

馬耳東風（ばじとうふう）
何を言っても反応がないこと。心地よい春風が吹いても馬の耳は何も感じないことから、人の意見や批評に注意を払わず聞き流すこと。出例「馬耳」も問われる

平身低頭（へいしんていとう）
あたまを下げて、恐れ入ること。ひたすら謝ること。
出例「平身」も問われる

面目躍如（めんもくやくじょ）
その人の評価が高まるさま。その人本来の活やくをして生き生きとしているさま。出例「面目」も問われる
豆「面目」は「めんぼく」とも読む　類義語 面目一新

文中の**四字熟語**の＿＿線の**カタカナ**を**漢字二字**に直せ。

☑ **01** 利害<u>トクシツ</u>ばかり考えている。

☑ **02** 犯行の**一部**<u>シジュウ</u>を語る。

☑ **03** 疑いの気持ちが<u>ウンサン</u>**霧消**する。

☑ **04** **器用**<u>ビンボウ</u>で大成しない。

☑ **05** **起死**<u>カイセイ</u>の一打を放つ。

☑ **06** **試行**<u>サクゴ</u>を重ねて改良する。

☑ **07** 夫婦で**晴耕**<u>ウドク</u>の毎日を送る。

☑ **08** <u>タントウ</u>**直入**に話を切り出す。

☑ **09** 残業は**日常**<u>サハン</u>事だ。

☑ **10** <u>ニッシン</u>**月歩**の世の中だ。

解答	解説
利害得失 り がい とく しつ	利益になることと、損害になること。「利害」「とくしつ」は、ほぼ同じ意味。 出例 「利害」も問われる
一部始終 いち ぶ し じゅう	初めからおわりまで。物事の詳しいいきさつのすべて。
雲散霧消 うんさん む しょう	くもや霧が消えてなくなるように、跡形もなくなること。出例 「霧消」も問われる　豆 「雲消霧散」ともいう　類義語 雲散鳥没
器用貧乏 き ようびんぼう	何でも器用にこなせるが、そのために中途半端になって、かえって大成しないこと。 出例 「器用」も問われる
起死回生 き し かいせい	絶望的な状態のものを立ち直らせ、元に戻すこと。出例 「起死」も問われる 豆 「回生起死」ともいう
試行錯誤 し こうさく ご	試みと失敗を繰り返しながら、解決方法を見つけること。 出例 「試行」も問われる
晴耕雨読 せいこう う どく	晴れた日には畑を耕し、あめの日には家にこもって本をよむ意から、悠々自適の生活を送ること。出例 「晴耕」も問われる
単刀直入 たんとうちょくにゅう	たった一人で一本のかたなを持って敵に切り込む意から、前置きを省いてすぐ本題に入ること。✗ 短刀
日常茶飯 にちじょう さ はん	毎日の食事の意から、ごくありふれたこと。 豆 「茶飯事」ともいう
日進月歩 にっしんげっ ぽ	日ごと月ごとに、たえず進歩すること。 出例 「月歩」も問われる 対義語 旧態依然

読み｜同音・同訓異字｜漢字識別｜熟語の構成｜部首｜対義語・類義語｜漢字と送りがな｜四字熟語｜誤字訂正｜書き取り

四字熟語④

文中の**四字熟語**の＿＿線の**カタカナ**を漢字二字に直せ。

☑ **01** 博学**タサイ**で人望もある人物だ。

☑ **02** **リュウゲン**飛語が飛び交う。

☑ **03** 世の中は暗雲**テイメイ**の状態だ。

☑ **04** **カンキュウ**自在の投球が光る。

☑ **05** 兄の**ドクダン**専行に批判が集まる。

☑ **06** 失望**ラクタン**して立ち直れない。

☑ **07** **リンキ**応変な処置を行う。

☑ **08** **センキャク**万来の繁栄を願う。

☑ **09** 前途**ユウボウ**な新人が入社した。

☑ **10** 今がまさに危急**ソンボウ**のときだ。

解　答	解　説
博学多才 はくがくたさい	広く学問に通じ、いろいろな方面にすぐれた能力を持っていること。**出例**「博学」も問われる **対義語** 浅学非才
流言飛語 りゅうげんひご	世の中で言いふらされる、根拠のないうわさ話。 **出例**「飛語」も問われる
暗雲低迷 あんうんていめい	悪い状態が続いて前途が不安なこと。 **出例**「暗雲」も問われる
緩急自在 かんきゅうじざい	速度を速くしたり遅くしたりして、物事を自由自在に操ること。 **出例**「自在」も問われる
独断専行 どくだんせんこう	自分ひとりの判だんで勝手に物事を進めること。 **出例**「専行」も問われる
失望落胆 しつぼうらくたん	希望を失い、気おちすること。がっかりすること。 **出例**「失望」も問われる
臨機応変 りんきおうへん	場面や状況の変化に応じて、適切な手段をとること。**出例**「応変」も問われる **豆**「機に臨んで変に応ず」とも読む **類義語** 変幻自在
千客万来 せんきゃくばんらい	多くの客が、絶え間なくやってくること。商売繁盛のたとえ。**出例**「万来」も問われる **豆**「千客」は「せんかく」とも読む
前途有望 ぜんとゆうぼう	将来にのぞみのあること。見込みがあること。 **出例**「前途」も問われる **類義語** 前途有為／前途洋洋
危急存亡 ききゅうそんぼう	危機が迫り、生き残るか滅びるかの瀬戸際。 **出例**「危急」も問われる **豆**「危急存亡の秋」という形で用いる

誤字訂正①

次の各文にまちがって使われている**同じ読みの漢字**が一字ある。**誤字**と**正しい漢字**を答えよ。

☐ **01** 店内の改創工事と設備の点検・入れ替えのため三日間の臨時休業となった。

☐ **02** 止血の手当ての際にはビニール手袋を使用するなど感染防止の措致が必要だ。

☐ **03** 生徒たちの作品を教室の壁に典示し、授業参観で訪れた保護者に見てもらう。

☐ **04** 若い医師や看護師たちが途上国に渡り、現地の医療活動の仕援を続ける。

☐ **05** 志望大学に合格し新しい学生生活を迎え、不自由のない暮らしを万喫している。

☐ **06** 軍部技術陣が従来より効率のよい次世代戦闘機エンジンの改発を進めている。

☐ **07** 小学校周辺の道路は、朝の通学時間帯にはさまざまな交通基制がかけられる。

☐ **08** 計算力や漢字力など基礎学力の更上に加え、応用力の育成も目指している。

☐ **09** 台風が上陸して猛威を振るい、集穫を待つばかりの早場米に大きな被害を与えた。

☐ **10** 土地の標価額が改定され、以前より地価が高くなり固定資産税も高くなった。

解 答	解 説
創 ➡ 装	改装：建物の内外の設備や見た目を改めること。
致 ➡ 置	措置：うまく取りはからって始末をつけること。
典 ➡ 展	展示：作品や品物を並べて一般に公開すること。
仕 ➡ 支	支援：苦境にある人や団体などに力を貸して助けること。
万 ➡ 満	満喫：心ゆくまで楽しむこと。十分に飲み食いすること。
改 ➡ 開	開発：新しい技術や製品を実用化すること。荒れ地や森林などを切り開いて、生活に役立つようにすること。
基 ➡ 規	規制：規則にのっとって行動などを制限すること。従うべき決まりのこと。
更 ➡ 向	向上：より優れた状態になること。よりよい方向に進むこと。
集 ➡ 収	収穫：農作物をとり入れること。とり入れ。何かを行って得た成果。
標 ➡ 評	評価：品物の価格を決めること。善悪や優劣などを考え、価値を定めること。

次の各文にまちがって使われている**同じ読みの漢字**が**一字**ある。**誤字**と正しい漢字を答えよ。

☑ **01** 糖尿病や高血圧などを引き起こす危険があるため、肥満対作が必要である。

☑ **02** 人体に危害を及ぼすような劇薬類の保管には、より厳従な管理が必要だ。

☑ **03** 掃除や消毒では解決しなかったため、自宅の害虫駆助を専門業者に依頼した。

☑ **04** 昨年の豪雨で被害を受けた神社の収復を、金物を使わない伝統工法で行った。

☑ **05** 新型の流行性感冒は感潜力が強く症状も重篤になる場合があるため予防が大切だ。

☑ **06** 最新作の推理小説は主容な登場人物が全て怪しく、動機らしきものがあった。

☑ **07** 二酸化炭素の排出量を削限するためには、企業や一般家庭の努力が必要だ。

☑ **08** 世界中で急速に森林が伐裁され、自然災害など深刻な問題を引き起こしている。

☑ **09** 一刻も早い知療法の確立が、病気に苦しむ多くの難病の人たちの切なる願いだ。

☑ **10** 海峡で発生するうず潮は、世界最大規模の自然現証で展望台や海上遊歩道から見られる。

解 答	解 説
作 → 策	対策（たいさく）：相手の態度や事件の状況に応じてとる手段。
従 → 重	厳重（げんじゅう）：とても厳しい態度で物事に臨むこと。
助 → 除	駆除（くじょ）：害を与える虫や動物などを追い払ったり、殺して取りのぞいたりすること。
収 → 修	修復（しゅうふく）：建造物などの傷んだ箇所を直すこと。悪くなった関係を元通りに戻すこと。
潜 → 染	感染（かんせん）：病原体が体内に侵入すること。病気がうつること。他の影響を受けて、それにそまること。
容 → 要	主要（しゅよう）：物事の中で特に大切なこと。
限 → 減	削減（さくげん）：金額や量などを、削りへらすこと。
裁 → 採	伐採（ばっさい）：山や森などから樹木を切り出すこと。
知 → 治	治療（ちりょう）：病気やケガなどを治すこと。
証 → 象	現象（げんしょう）：知覚することができる物事の全て。この世界に形をとって現れるもの。

読み

同音・同訓異字

漢字識別

熟語の構成

部首

対義語・類義語

漢字と送りがな

四字熟語

誤字訂正

書き取り

次の＿＿線の**カタカナ**を**漢字**に直せ。

☑ **01** ビンジョウして値上げをする。

☑ **02** 安易な譲歩はトクサクではない。

☑ **03** 発言はカンケツにお願いします。

☑ **04** 新しい先生はヒョウバンがよい。

☑ **05** 革のサイフをプレゼントする。

☑ **06** 飲料水をキョウキュウする。

☑ **07** 夏休みもアマすところあと三日だ。

☑ **08** 健康のために野菜をムして食べる。

☑ **09** ホドなく兄の誤解は解けたようだ。

☑ **10** 人を見る目がコえている。

解答 / 解説

便乗（びんじょう）

便乗：うまく機会をとらえて利用すること。他人ののり物に相のりすること。

得策（とくさく）

得策：よい結果の出るはかりごと。うまい方法。
出例 方策／散策

簡潔（かんけつ）

簡潔：表現がかん単で、要領を得ているさま。
出例 簡易／簡略

評判（ひょうばん）

評判：世間でのうわさ。批ひょうして是非を判定すること。
出例 定評／評価

財布（さいふ）

財布：金銭を入れて持ち歩くための革などでできた袋。（豆）「財」は6級配当漢字だが、「サイ」は中学校で学習する、常用漢字の特別な読み

供給（きょうきゅう）

供給：要求や必要に応じて物資を与えること。販売するために商品を市場に出すこと。
出例 提供／供える

余す（あます）

余す：まだ残っていること。わざと残すこと。
出例 余地／余生

蒸して（むして）

蒸す：湯気をあてて物を熱する。むし暑く感じられる。
出例 蒸らす／蒸発

程なく（ほどなく）

程なく：あまり時間がたたないうちに。まもなく。（豆）「程」は6級配当漢字だが、「ほど」は中学校で学習する読み 出例 程遠い

肥えて（こえて）

肥える：物事のよし悪しを判断する力が優れている。人や動物が太ること。
出例 肥やす／肥料

書き取り②

次の＿＿線の**カタカナ**を**漢字**に直せ。

☑ **01** 人を**カンショウ**的にさせる曲だ。

☑ **02** 運転士が**ケイテキ**を鳴らした。

☑ **03** その行動に**ヒハン**が集まった。

☑ **04** 水玉**モヨウ**のワンピースを着る。

☑ **05** かなを漢字に**ヘンカン**する。

☑ **06** **ゼツメツ**の危機にある生物を保護する。

☑ **07** 自然の中で五感を**ト**ぎ澄ます。

☑ **08** 現在に**イタ**るまでの経緯を話す。

☑ **09** **カタコト**の英語で必死に話す。

☑ **10** 早すぎる引退を**オ**しむ。

解答	解説
感傷（かんしょう）	感傷（かんしょう）：物事にかんじやすく、すぐに悲しくなったりする心の傾向。物事にかんじて心をいためること。**出例** 損傷（そんしょう）／負傷（ふしょう）／傷薬（きずぐすり）／傷（きず）つける
警笛（けいてき）	警笛（けいてき）：電車などで使われる、注意をうながすために鳴らすふえなどの音。**出例** 警報（けいほう）／警告（けいこく）
批判（ひはん）	批判（ひはん）：物事のよい所や悪い所を見分け、評価・指摘すること。
模様（もよう）	模様（もよう）：織物や工芸品などの装飾としてほどこす絵や形。物事のありさま。**出例** 模型（もけい）／規模（きぼ）
変換（へんかん）	変換（へんかん）：かえる、かわること。取りかえること。異なる形式にかえる処理のこと。**出例** 交換（こうかん）／転換（てんかん）
絶滅（ぜつめつ）	絶滅（ぜつめつ）：なくすること。生物の種がほろびること。**出例** 点滅（てんめつ）／消滅（しょうめつ）／滅（ほろ）びる／滅（ほろ）ぶ
研（と）ぎ	研（と）ぎ澄（す）ます：心の働きを鋭敏にする。刀などを十分にとぐ。鏡などを曇りのないようにみがく。
至（いた）る	至（いた）る：その時期・時刻になる。その状態に達する。ある場所に到着する。**出例** 至難（しなん）／必至（ひっし）
片言（かたこと）	片言（かたこと）：幼児や外国人などの話す、たどたどしいことば。ことばの一部分。**出例** 片棒（かたぼう）／片時（かたとき）　(豆)「片言」は「へんげん」とも読む
惜（お）しむ	惜（お）しむ：心残りに思うこと。大切に思うこと。金品などを出ししぶること。**出例** 惜（お）しい

次の＿＿線の**カタカナ**を**漢字**に直せ。

☑ **01** 母校は優勝**コウホ**の呼び声が高い。

☑ **02** 桜の**ショクジュ**祭が行われた。

☑ **03** 試合に負けて実力不足を**ツウセツ**に感じた。

☑ **04** 身の**ケッパク**を証明する。

☑ **05** 手間のかかる作業を**ケイエン**する。

☑ **06** 歯医者で虫歯を**ショチ**してもらう。

☑ **07** 自宅のプリンタで年賀状を**ス**る。

☑ **08** 弟子に秘伝の技術を**サズ**ける。

☑ **09** 山頂から初日の出を**オガ**む。

☑ **10** 細い竹を**ア**んでバッグをつくる。

解答　　解説

読み

同音・同訓異字

漢字識別

熟語の構成

部首

対義語・類義語

漢字と送りがな

四字熟語

誤字訂正

書き取り

候補（こうほ）
候補：ある選択の対象としてあげられている人や物。ある地位などを得ることを自ら希望する、あるいは他から推されている人。**出例** 補修／補足／補う

植樹（しょくじゅ）
植樹：じゅ木をうえること。
出例 樹皮／樹立

痛切（つうせつ）
痛切：強く身にしみること。
出例 痛快／痛い

潔白（けっぱく）
潔白：後ろ暗いところがないこと。心がけがれておらず、行いが正しいこと。清けつで汚れがないこと。

敬遠（けいえん）
敬遠：意識して人や物事に近づかないこと。表面上はうやまうような態度をしながら、実際には親しくしないこと。**出例** 敬服／失敬／敬う

処置（しょち）
処置：その場に適した行動をして、始末をつけること。
出例 対処／処世

刷る（する）
刷る：版木などにインクや絵の具などをつけ、紙を当てて文字や絵を写し取る。
出例 刷新

授ける（さずける）
授ける：目上の者が目下の者に物を与えること。
出例 授かる

拝む（おがむ）
拝む：神仏などの前で、手を合わせたり礼をしたりして祈る。心から願う。
出例 拝借／拝見

編んで（あんで）
編む：糸や竹、髪の毛などを互い違いに組んで、衣類や敷物、髪型などを作る。
出例 編成

次の＿＿線の**カタカナ**を**漢字**に直せ。

☑ **01** <u>シセイ</u>を正して胸を張る。

☑ **02** 町の人口の<u>スイイ</u>を調べる。

☑ **03** 変化の<u>カテイ</u>を細かく記録する。

☑ **04** <u>オウシュウ</u>に私費で留学した。

☑ **05** 怖い<u>カイダン</u>を聞いて寝つけない。

☑ **06** 公開<u>トウロン</u>会が開かれた。

☑ **07** <u>アマカラ</u>いお菓子が好物だ。

☑ **08** 言葉とは<u>ウラハラ</u>な行動をとる。

☑ **09** 美しい日本髪を<u>ユ</u>う。

☑ **10** 研究は<u>イチジル</u>しい進展を見せた。

解 答 | 解 説

しせい **姿勢**	姿勢:体の構え。物事に当たる態度。 出例 容姿
すい い **推移**	推移:時間の経過によってうつり変わっていくこと。時がうつりゆくこと。 出例 推量/推す
か てい **過程**	過程:物事が進行し、発展するにいたる道筋。プロセス。 出例 過失/過大
おうしゅう **欧州**	欧州:ヨーロッパのこと。 出例 欧米/西欧
かいだん **怪談**	怪談:化け物や幽霊などが出てくる不気味な話。 出例 怪奇/怪獣/怪しむ
とうろん **討論**	討論:ある事柄について、意見を出し合って意見をたたかわせること。 出例 検討
あまから **甘辛い**	甘辛い:あまくてからい味のこと。 出例 辛い/辛口/辛酸
うらはら **裏腹**	裏腹:正反対であること。表とうら。 出例 裏付ける/裏道
ゆ **結う**	結う:髪を整えてむすぶ。ひもなどでしばる。 豆 「結」は7級配当漢字だが、「ゆ(う)」は中学校で習う読み 出例 結わえる
いちじる **著しい**	著しい:はっきりとわかるさま。 出例 著す/著名/著者

読み | 同音・同訓異字 | 漢字識別 | 熟語の構成 | 部首 | 対義語・類義語 | 漢字と送りがな | 四字熟語 | 誤字訂正 | 書き取り

書き取り⑤

次の＿＿線の**カタカナ**を**漢字**に直せ。

☐ **01** **シツド**が高く結露を生じている。

☐ **02** 雨の日は車内の**イシツ**物が多い。

☐ **03** 加齢によって**チョウリョク**は衰える。

☐ **04** 低体温症による死を**トウシ**という。

☐ **05** 歌のレッスンを**サイカイ**する。

☐ **06** 付近に空き巣が**シュツボツ**している。

☐ **07** 赤ちゃんに**ユザ**ましを飲ませる。

☐ **08** ひき肉をよく**ネ**っておく。

☐ **09** クリスマスに**テブクロ**を贈った。

☐ **10** **カブヌシ**総会が行われた。

解答	解説

読み ・ 同音・同訓異字 ・ 漢字識別 ・ 熟語の構成 ・ 部首 ・ 対義語・類義語 ・ 漢字と送りがな ・ 四字熟語 ・ 誤字訂正 ・ 書き取り

湿度（しつど）
湿度：大気中に含まれる水蒸気の割合。
出例 除湿／湿原／湿る

遺失（いしつ）
遺失：落としたり忘れたりして、金品をうしなうこと。
出例 遺産

聴力（ちょうりょく）
聴力：ちょう覚器官によって音を識別する力のこと。
出例 視聴／聴衆

凍死（とうし）
凍死：こごえ死ぬこと。
出例 冷凍／解凍／凍る／凍える

再開（さいかい）
再開：一時的にやめていたことをふたたび始めること。
出例 再発／再挙

出没（しゅつぼつ）
出没：現れたり消えたりすること。
出例 水没／日没

湯冷まし（ゆざまし）
湯冷まし：さましたおゆのこと。

練って（ねって）
練る：こねまぜてねばらせる。また、こね固める。学問や技芸などをみがく。よりよいものにするために何度も考える。

手袋（てぶくろ）
手袋：防寒や保護のために手にはめるふくろ状のもの。
出例 寝袋／袋

株主（かぶぬし）
株主：かぶ式会社の出資者で、かぶ式の所有者。
出例 古株／株価

101

次の___線の**カタカナ**を**漢字**に直せ。

☑ **01** ドクソウ的な外観の住宅に住む。

☑ **02** 体育館に被災者をシュウヨウする。

☑ **03** ゲンミツな調査が行われた。

☑ **04** 運動能力がゲキテキに向上した。

☑ **05** ヒンプの差が激しい。

☑ **06** リーダーシップをハッキする。

☑ **07** 先生の言いつけにソムく。

☑ **08** カタヤブりな戦法が功を奏した。

☑ **09** 神社のトリイをくぐる。

☑ **10** 暑さで池の水がヒアがる。

解答 / 解説

解答	解説
独創 どくそう	独創：人のまねをせず、自分一人の発想でつくり出すこと。 **出例** 創作／創業
収容 しゅうよう	収容：人・物を施設などの一定の場所におさめ入れること。 **出例** 収蔵
厳密 げんみつ	厳密：細かいところまで注意が行き届いているさま。 **出例** 厳選／厳重／厳しい／厳かだ
劇的 げきてき	劇的：げきを見ているような強い緊張や感動を覚えるさま。 **出例** 演劇／悲劇
貧富 ひんぷ	貧富：まずしいことととんでいること。 **出例** 貧弱／貧血　**豆**「貧」は6級配当漢字だが、「ヒン」は中学校で学習する読み
発揮 はっき	発揮：持っている実力や特性などを十分に働かせること。**✕** 発輝 **出例** 指揮／揮発
背く そむく	背く：取り決めや命令に逆らって従わない。 **出例** 背広／背筋／背後　**豆**「背」は5級配当漢字だが、「そむ（く）、そむ（ける）」は中学校で学習する読み
型破り かたやぶり	型破り：常識的なかたにとらわれず、大胆であること。また、その物。 **出例** 型紙／型通り／典型
鳥居 とりい	鳥居：神社の参道入り口などに立てて、神域を象徴する一種の門。 **出例** 居直る／転居
干上がる ひあがる	干上がる：完全に乾ききる。生計が立たなくなる。 **出例** 梅干し／干物

次の___線の**カタカナ**を**漢字**に直せ。

□ **01** 財政悪化の<u>ヨウイン</u>を探る。

□ **02** けがで仕事に<u>シショウ</u>をきたした。

□ **03** 首相が欧州を<u>レキホウ</u>する。

□ **04** 工期の<u>タンシュク</u>は難しい。

□ **05** 首位の座に<u>クンリン</u>し続ける王者だ。

□ **06** <u>メイロウ</u>で元気な子どもだ。

□ **07** 時流に<u>サカ</u>らうのは得策ではない。

□ **08** 大切な皿を<u>ワ</u>ってしまった。

□ **09** そりで雪の斜面を<u>スベ</u>る。

□ **10** 隣家との<u>サカイ</u>にかき根をつくる。

解 答	解 説
要因（よういん）	要因：物事が起こったおもな原いん。 出例 因果
支障（ししょう）	支障：何かを行うときに妨げになること。さしさわり。 出例 故障／障害
歴訪（れきほう）	歴訪：様々な土地や人を次々とおとずれること。 出例 訪問／訪れる
短縮（たんしゅく）	短縮：時間や距離をちぢめてみじかくすること。 出例 縮尺／縮図／縮む／縮まる
君臨（くんりん）	君臨：君主として国を統治すること。また、ある方面で強力な力で他を支配すること。 出例 臨時／臨場／臨む
明朗（めいろう）	明朗：さっぱりしてわだかまりがなく、あかるくほがらかなこと。 出例 朗読／朗らかだ
逆らう（さか）	逆らう：物事の流れや世の中の動きなどに反して、反対のほうに進もうとする。反抗する。出例 逆手／逆立ち／逆境／逆算
割って（わ）	割る：力を加えて、一つの物体をいくつかの部分に分け離す。くだく。 出例 割合／割安
滑る（すべ）	滑る：物の表面をなめらかに移動する。なめらかなものの上で、思わず動いてしまう。思わず余計なことを言う。出例 滑らか／滑らかだ
境（さかい）	境：土地と土地の区切り。物事の分かれ目。 出例 見境／境目／境内／心境

読み／同音同訓異字／漢字識別／熟語の構成／部首／対義語・類義語／漢字と送りがな／四字熟語／誤字訂正／書き取り

書き取り⑧

次の＿＿線の**カタカナ**を**漢字**に直せ。

☑ **01** 古い知人に**グウゼン**出会った。

☑ **02** 弟は**ケイカイ**な足取りで帰宅した。

☑ **03** 仲間で楽しく**ダンショウ**する。

☑ **04** **ショクタク**に好物が並ぶ。

☑ **05** 運転**メンキョ**を取得する。

☑ **06** **ジャアク**な考えを打ち消す。

☑ **07** 体験ダイビングで海に**モグ**る。

☑ **08** **ブタ**を食用に飼育している。

☑ **09** 薄く**キザ**んだきゅうりを盛る。

☑ **10** 全国の中学生が**ツド**う大会だ。

頻出度

A

合格点
7/10

1回目
月　日　/**10**

2回目
月　日　/**10**

解 答　　解 説

読み

同音・同訓異字

漢字識別

熟語の構成

部首

対義語・類義語

漢字と送りがな

四字熟語

誤字訂正

書き取り

解答	解説
ぐうぜん **偶然**	偶然：思いがけないことが起こるさま。 出例　偶数
けいかい **軽快**	軽快：かるがるとしてすばやい、気持ちが よいこと。病気がよくなること。 出例　快適／快方
だんしょう **談笑**	談笑：打ち解けて楽しく語ること。 出例　苦笑い／笑む
しょくたく **食卓**	食卓：食事に用いるテーブル。 出例　卓球
めんきょ **免許**	免許：特定のことを行うことを官公庁がゆ るすこと。 出例　免除／免税
じゃあく **邪悪**	邪悪：心がねじ曲がって悪意に満ちている こと。 出例　無邪気／邪魔
もぐ **潜る**	潜る：水の中に入る。物の間や下に入り込む。 身を隠す。 出例　潜む／素潜り／潜水
ぶた **豚**	豚：イノシシを家畜化したもの。 出例　豚肉
きざ **刻んだ**	刻む：刃物で切って細かくする。きざみ目 を入れる。 出例　小刻み／分刻み／定刻
つど **集う**	集う：人々がある目的をもって寄りあつまる。

次の___線の**カタカナ**を**漢字**に直せ。

☑ **01** <u>ヨウチ</u>な考えを改める。

☑ **02** 政党が二派に<u>ブンレツ</u>した。

☑ **03** <u>キンチョウ</u>のあまり話ができない。

☑ **04** 目撃者の口を<u>フウ</u>じる。

☑ **05** 東京の<u>ワンガン</u>エリアの開発が進む。

☑ **06** 議会は<u>サイゼン</u>の方法を選択した。

☑ **07** 一部の人が<u>トミ</u>を独占する。

☑ **08** <u>ヤサ</u>しい問題で平均点が高い。

☑ **09** 兄弟のようだが他人の<u>ソラニ</u>だ。

☑ **10** 絵に<u>チカヨ</u>って細部をよく見る。

解 答	解 説
幼稚 ようち	幼稚：おさないこと。考え方などが未熟なこと。 出例 稚魚 ちぎょ
分裂 ぶんれつ	分裂：一つのものが、いくつかにわかれること。 出例 破裂／裂く／裂ける はれつ／さく／さける
緊張 きんちょう	緊張：心や体がはりつめていること。 出例 緊急／緊迫 きんきゅう／きんぱく
封じる ふう	封じる：ふうをする。出入り口などをふさぐ。禁止にする。 出例 開封／完封 かいふう／かんぷう
湾岸 わんがん	湾岸：入り込んだ海面に沿った陸地部分のこと。 出例 港湾 こうわん
最善 さいぜん	最善：やることの中でもっともよいこと。一番適切なこと。 出例 親善／善処 しんぜん／ぜんしょ
富 とみ	富：財産のこと。 出例 富む とむ
易しい やさ	易しい：簡単なこと。単純であること。たやすいこと。 出例 生易しい／安易 なまやさしい／あんい
空似 そらに	空似：血縁関係はないが顔などがにていること。（豆）「他人の空似」は、血筋のつながっていない者が偶然によくにていること 出例 似合う／似る／類似 にあう／にる／るいじ
近寄って ちかよ	近寄る：そばによる。かかわりを持つ。 出例 身寄り みよ

読み　同音・同訓異字　漢字識別　熟語の構成　部首　対義語・類義語　漢字と送りがな　四字熟語　誤字訂正　書き取り

書き取り⑩

次の＿＿線の**カタカナ**を**漢字**に直せ。

☑ **01** <u>ゲンソウ</u>的な光景が広がる。

☑ **02** 親の<u>メンボク</u>をつぶしてしまった。

☑ **03** あまりの惨状に<u>ゼック</u>する。

☑ **04** 舞台に大がかりな<u>ソウチ</u>を作る。

☑ **05** 登山の<u>メンミツ</u>な計画を立てる。

☑ **06** 指導者の<u>ヒンカク</u>が問われる。

☑ **07** 週末は気が<u>ユル</u>みがちだ。

☑ **08** 納期が遅れて<u>ヒラアヤマ</u>りする。

☑ **09** おいしいお菓子を<u>イタダ</u>く。

☑ **10** 人を<u>ニク</u>む気持ちは悲しいものだ。

解答	解説

読み／同音・同訓異字／漢字識別／熟語の構成／部首／対義語・類義語／漢字と送りがな／四字熟語／誤字訂正／書き取り

幻想 げんそう
幻想：現実のことのように心に思い描くこと。
出例 幻覚／幻

面目 めんぼく
面目：人にあわせる顔。世間から受ける評価。
豆「目」は10級配当漢字だが、「ボク」は中学校で学習する読み。「めんもく」とも読む

絶句 ぜっく
絶句：話やせりふの途中で言葉に詰まること。
出例 絶賛／絶える

装置 そうち
装置：ある目的のために機械や設備を備え付けること。
出例 包装／軽装

綿密 めんみつ
綿密：細かくて注意が行き届いていること。
出例 密着／密約

品格 ひんかく
品格：その人や物から感じられる上品さ。品位。
出例 格調／格別

緩み ゆるみ
緩む：緊張がほぐれること。ぴんと張ったものがたるむこと。
出例 緩い／緩和

平謝り ひらあやまり
平謝り：ひたすらあやまること。
豆「謝」は6級配当漢字だが、「あやま（る）」は中学校で学習する読み 出例 謝る

頂く いただく
頂く：「もらう」の謙譲語。目上の人物からものを与えられること。頭にのせる。かぶる。出例 頂／絶頂

憎む にくむ
憎む：にくいと思う。いやだと思う。本来はあってはならないこととして、許しがたく思う。出例 心憎い／憎い

書き取り⑪

次の＿＿線の**カタカナ**を**漢字**に直せ。

☐ **01** 夜の校舎で<u>ドキョウ</u>試しをする。

☐ **02** 自動車教習所でハンドル<u>ソウサ</u>を学ぶ。

☐ **03** 雑事が多くて頭が<u>コンラン</u>する。

☐ **04** 呼びかけに<u>コオウ</u>して立ち上がる。

☐ **05** 新しい環境に<u>ジュンノウ</u>する。

☐ **06** 未知の<u>リョウイキ</u>を開拓する。

☐ **07** <u>ハナラ</u>びをきれいに直す。

☐ **08** 混雑しない花見の<u>アナバ</u>を探す。

☐ **09** 父の非難は<u>マトハズ</u>れだった。

☐ **10** 文句を言われる<u>スジア</u>いはない。

解答	解説
度胸 （ど きょう）	度胸：物事を恐れない心。きもったま。 出例 胸中／胸焼け
操作 （そう さ）	操作：機械などを動かすこと。手続きを進めること。帳簿や数式、資金などを役立て働かせること。 出例 操縦
混乱 （こんらん）	混乱：入りみだれて秩序がなくなること。 出例 散乱
呼応 （こ おう）	呼応：一方のよびかけに相手が答えること。示し合わせて行動すること。 出例 点呼／連呼
順応 （じゅんのう）	順応：環境や境遇の変化にしたがって、その変化に慣れること。
領域 （りょういき）	領域：力が及ぶ範囲。学問などで専門とする範囲。かかわりを持つ範囲。
歯並び （は なら び）	歯並び：歯のならび具合のこと。 出例 横並び／並ぶ
穴場 （あな ば）	穴場：あまり人に知られていない、よいところ。 出例 節穴／墓穴
的外れ （まとはず れ）	的外れ：見当違いであること。大事な点をはずしていること。
筋合い （すじ あ い）	筋合い：物事の道理。 出例 筋書き／筋金

書き取り⑫

次の＿＿線の**カタカナ**を**漢字**に直せ。

☐ **01** 契約書に<u>コウ</u>と乙の文字がある。

☐ **02** 成績がぐんぐん<u>ジョウショウ</u>する。

☐ **03** 病気の子どもの<u>カンビョウ</u>をする。

☐ **04** 雪の<u>ケッショウ</u>をルーペで見る。

☐ **05** 県民の<u>シンパン</u>を受ける選挙だ。

☐ **06** 授業のあとに教室を<u>セイソウ</u>する。

☐ **07** 企業の誘致で市が<u>ウルオ</u>う。

☐ **08** 健康の大切さが<u>ホネミ</u>にしみた。

☐ **09** 胸を<u>コ</u>がす恋をする。

☐ **10** 成長期は背が<u>ノ</u>びる。

合格点 **7/10**　1回目　月　日 **/10**　2回目　月　日 **/10**

読み

同音・同訓異字

漢字識別

熟語の構成

部首

対義語・類義語

漢字と送りがな

四字熟語

誤字訂正

書き取り

解答 / 解説

解答	解説
こう 甲	甲：順位で一番目。こうらのこと。 **出例** 甲乙
じょうしょう 上昇	上昇：うえにあがること。また、程度が高まること。 **出例** 昇格／昇進
かんびょう 看病	看病：具合いが悪い人につき添って世話や介抱をすること。 **出例** 看護／看過
けっしょう 結晶	結晶：原子や分子などが規則正しく立体的に配列されることでできる物質のこと。 **出例** 液晶
しんばん 審判	審判：物事の是非・適否・優劣・勝敗などをはん定すること。 **出例** 不審
せいそう 清掃	清掃：きれいにそうじすること。 **出例** 掃除／掃く
うるお 潤う	潤う：豊かになること。水気を帯びて湿ること。 **出例** 潤む／潤い
ほね み 骨身	骨身：ほねと肉。体。 **出例** 骨折り　**豆**「骨身にしみる」は、「体のなかにしみとおるほど強く感じる」の意
こ 焦がす	焦がす：火で焼いた際に黒くすること。こがれて心を悩ますこと。 **出例** 焦げる／焦がれる／焦点
の 伸びる	伸びる：物が長くなったり広がったりする。 **出例** 伸ばす／伸縮　**✕** 延びる　**豆**「延びる」は時間や距離が長くなる場合に使う

書き取り⑬

次の___線の**カタカナ**を**漢字**に直せ。

□ **01** 我々は職業を自由に**センタク**できる。

□ **02** 管理人が**ジョウチュウ**するマンションだ。

□ **03** 交通遺児のための**ボキン**を集める。

□ **04** ウイルスは**サイボウ**を持たない。

□ **05** 芸能人が事務所を**イセキ**した。

□ **06** **コウテイ**は不老不死を夢みている。

□ **07** **デマド**にはち植えの花を飾る。

□ **08** 友との信頼関係は**クズ**れることはない。

□ **09** 父は**キモ**のすわった人だ。

□ **10** **ノ**べ床面積を計算する。

解答	解説
選択 せんたく	選択：二つ以上のものから、よいもの、目的に合ったものをえらぶこと。 出例 採択
常駐 じょうちゅう	常駐：つねにそこに駐在していること。 出例 駐在／駐車
募金 ぼきん	募金：寄付金などをつのって集めること。 出例 応募／募集／募る
細胞 さいぼう	細胞：生物体の構造・機能上の基本単位。 出例 胞子
移籍 いせき	移籍：他へ所属をうつすこと。他の戸せきにうつること。 出例 国籍／書籍
皇帝 こうてい	皇帝：天子、国王、君主などの尊称。 出例 帝王
出窓 でまど	出窓：建物の壁面より外に張りだして作られたまど。張りだしまど。 出例 窓辺／天窓／車窓
崩れる くず	崩れる：一つのまとまった形をしていたものがバラバラになること。 出例 山崩れ／崩す／崩落
肝 きも	肝：気力や度胸のこと。工夫や思案のこともいう。かん臓のこと。 出例 肝試し／度肝／肝臓
延べ の	延べる：長さを長くすること。「延べ」は同一のものがいくつあっても、一つとして数えること。出例 日延べ／順延／延長

読み

同音・同訓異字

漢字識別

熟語の構成

部首

対義語・類義語

漢字と送りがな

四字熟語

誤字訂正

書き取り

次の___線の**カタカナ**を**漢字**に直せ。

☐ **01** コウリツよく作業を進める。

☐ **02** ギョウセキは悪化する一方だ。

☐ **03** 国際連合にカメイする。

☐ **04** 農作業は腰にフタンがかかる。

☐ **05** 第一人者であるとジフしている。

☐ **06** フクツウで学校を休む。

☐ **07** ナサけをかけられるのは御免だ。

☐ **08** スピードをキソうゲームが好きだ。

☐ **09** 国民に犠牲をシいる改革だ。

☐ **10** ハトがエサにムラがる。

解　答	解　説
効率 こうりつ	効率：仕事の成果と労力の割合。 **出例** 有効
業績 ぎょうせき	業績：事業や学術研究で成しとげたよい結果。 **出例** 実績
加盟 かめい	加盟：団体や組織などに一員としてくわわること。 **出例** 同盟
負担 ふたん	負担：重荷。荷物を背などにかつぐこと。また、その荷物。義務や責任などを引き受けること。重すぎる責任や仕事。
自負 じふ	自負：自分の才能や仕事などに、自信や誇りを持つこと。
腹痛 ふくつう	腹痛：おなかに感じるいたみのこと。 **出例** 腹筋／立腹／腹
情け なさ	情け：思いやり。情愛。
競う きそ	競う：互いに負けまいとして張り合う。
強いる し	強いる：相手の意志を無視して、むりにやらせる。 **出例** 強引
群がる むら	群がる：多くの人や動物が一か所に集まる。むれをなす。 **出例** 群れる／群落

読み／同音同訓異字／漢字識別／熟語の構成／部首／対義語・類義語／漢字と送りがな／四字熟語／誤字訂正／書き取り

次の＿＿線の**漢字の読み**を**ひらがな**で答えよ。

☑ **01** 傷口に薬を<u>塗布</u>する。

☑ **02** 物語はついに<u>佳境</u>に入った。

☑ **03** それは<u>殊勝</u>な心がけだ。

☑ **04** <u>巧妙</u>に仕組まれたわなだった。

☑ **05** 議論の<u>焦点</u>がはっきりしない。

☑ **06** トンネルの<u>貫通</u>式が行われた。

☑ **07** <u>冗漫</u>で退屈なストーリーだ。

☑ **08** 破れた服を自分で<u>繕</u>う。

☑ **09** 劇団が<u>旗揚</u>げ公演をする。

☑ **10** 林間学校で<u>肝試</u>し大会があった。

解 答	解 説
とふ	塗布：薬などを一面に塗りつけること。 **出例** 塗装／塗る／朱塗り
かきょう	佳境：話などのおもしろい場面。風景の よいところ。**出例** 佳作 **豆**「佳境に入る」 はもっとも興味深い部分に入ること
しゅしょう	殊勝：けなげなこと。感心なこと。 **出例** 特殊／殊に
こうみょう	巧妙：非常にすぐれていてたくみなこと。 **出例** 精巧／技巧／巧みだ／悪巧み
しょうてん	焦点：人々の注意や関心の集まるところ。物事の 中心となる点。レンズなどで、光軸に平行な入射光 線が集まる一点。**出例** 焦燥／焦がれる／焦がす
かんつう	貫通：ある物の中をつらぬきとおすこと。 広く物事につうじていること。 **出例** 縦貫／一貫／貫く
じょうまん	冗漫：表現に無駄が多く、締まりのない さま。 **出例** 冗談／冗費
つくろう	繕う：修理すること。また、外見やうわべ をととのえること。 **出例** 修繕
はたあげ	旗揚げ：新たに何かを始めること。演劇関係 の人々が新たに一座を組むこと。いくさを始め ること。**出例** 水揚げ／揚げる／浮揚／高揚
きもだめし	肝試し：恐ろしい場所へ行かせて、度胸が あるかどうかを試すこと。 **出例** 肝／度肝

読み 同音・同訓異字 漢字識別 熟語の構成 部首 対義語・類義語 漢字と送りがな 四字熟語 誤字訂正 書き取り

121

次の___線の**漢字の読み**を**ひらがな**で答えよ。

☑ **01** 新しい時代の胎動を感じる。

☑ **02** 本日の業務を遂行した。

☑ **03** 猟師が山でイノシシを狩る。

☑ **04** 医師から摂生するよう言われる。

☑ **05** 廊下は静かに歩きなさい。

☑ **06** 組織の円滑な運営を期待する。

☑ **07** 激しい闘魂を内に秘める。

☑ **08** 多数の歴史小説を著す。

☑ **09** 声には憂いの響きが残っていた。

☑ **10** ボランティアの参加者を募る。

解　答	解　説

読み
同音・同訓異字
漢字識別
熟語の構成
部首
対義語・類義語
漢字と送りがな
四字熟語
誤字訂正
書き取り

たいどう	胎動：新しい物事が内部で生じようとして動き始めること。母胎内で胎児が動くこと。また、その動き。**出例** 胎児
すいこう	遂行：任務など何かをやりとげること。**出例** 完遂／遂げる
りょうし	猟師：狩猟を職業としている人。**出例** 狩猟
せっせい	摂生：食生活など生活全般に留意し、健康に気を配ること。**出例** 摂理／摂取
ろうか	廊下：家屋内の部屋と部屋をつなぐ細長い通路。**出例** 画廊
えんかつ	円滑：物事がすらすらと運ぶこと。**出例** 滑走路／斜滑降／滑る／滑らかだ
とうこん	闘魂：戦いぬこうとする意気込み・精神のこと。**出例** 魂胆／精魂／魂
あらわす	著す：書物を書いて世に出す。**出例** 著しい
うれい	憂い：思うようにならず、つらいこと。苦しいこと。わずらわしいこと。冷たいこと。せつないこと。**出例** 憂える／憂慮
つのる	募る：募集する。ますます激しくなる。ひどくなる。**出例** 応募／急募

次の＿＿線の**漢字の読み**を**ひらがな**で答えよ。

☐ **01** 祖父は経済界の重鎮だ。

☐ **02** 帝国で内紛が起こった。

☐ **03** 火山活動の影響で地面が隆起した。

☐ **04** 零細企業の倒産が急増している。

☐ **05** 傷口をきれいに縫合してもらった。

☐ **06** 慈善活動に参加する。

☐ **07** 姉は優れた審美眼をもっている。

☐ **08** 舞台の上で必死に声を絞り出す。

☐ **09** 暴力で解決するなんて愚かだ。

☐ **10** 店員を新たに三人雇う。

合格点
7/10

1回目
月　日　/10

2回目
月　日　/10

頻出度
B

解　答	解　説

読み

同音・同訓異字

漢字識別

熟語の構成

部　首

対義語・類義語

漢字と送りがな

四字熟語

誤字訂正

書き取り

じゅうちん	重鎮：ある社会などで重きをなす人物。 **出例** 鎮圧／鎮痛剤
ないふん	内紛：内部での争い。うちわもめ。 **出例** 紛争／紛失／紛れる／紛らす
りゅうき	隆起：高く盛り上がること。土地が基準 面に対して相対的に上昇すること。 **出例** 隆盛／興隆
れいさい	零細：きわめて規模が小さいこと。非常に 細かいこと。 **出例** 零落
ほうごう	縫合：ぬい合わせること。けがや外科手術など で切断された組織を回復させるために、患部を ぬい合わせること。**出例** 裁縫／縫製／縫う
じぜん	慈善：哀れみや情けをかけること。とくに、 貧しい人や被災者などを援助すること。 **出例** 慈悲
しんびがん	審美眼：美しいものを見極める能力。 **出例** 審議／審査
しぼり	絞る：なかなか出ないものを無理に出そう とする。ねじりしめて、水分を出す。範囲 を小さくする。
おろかだ	愚か：考えが足りない、ばかげているさま。 未熟であること。 **出例** 愚問／愚
やとう	雇う：金を払って人を使うこと。 **出例** 雇用／解雇

次の＿＿線の**漢字の読み**を**ひらがな**で答えよ。

☑ **01** 野球大会で母校が惜敗した。

☑ **02** 市長が登壇して演説をする。

☑ **03** 強風でヨットが転覆する。

☑ **04** 森の木を伐採する。

☑ **05** 先祖伝来の香炉が盗まれた。

☑ **06** 中学校時代の恩師を敬慕する。

☑ **07** 新しい教科書が採択される。

☑ **08** 試合に臨む選手たちを励ます。

☑ **09** 話のつぎ穂を失う。

☑ **10** 台風でがけが崩れた。

解 答	解 説
せきはい	惜敗：競技や試合などに、わずかな差で負けること。 **出例** 惜別／惜しむ／惜しい
とうだん	登壇：演説などのために壇に上がること。 **出例** 画壇／文壇
てんぷく	転覆：列車や船などがひっくり返る、また、ひっくり返すこと。組織が倒れる、また、倒すこと。**出例** 覆面／覆う
ばっさい	伐採：山や森などから樹木を切り出すこと。 **出例** 殺伐／間伐
こうろ	香炉：香をたくために用いる器。 **出例** 暖炉／原子炉／炉端
けいぼ	敬慕：うやまい、したうこと。 **出例** 恋慕／慕う
さいたく	採択：いくつかある中から、選び取ること。 **出例** 択一
はげます	励ます：気持ちを奮い立たせる。元気づける。さらに激しくする。 **出例** 励む／激励／励行
ほ	穂：稲などの長い茎の先に、花・実が群がりついたもの。槍や筆などのとがっている物の先端。とぎれた話を続けるときのきっかけ。つぎ穂。**出例** 穂先／稲穂
くずれた	崩れる：一つのまとまった形をしていたものがバラバラになること。 **出例** 崩す／崩壊／崩落

127

次の＿＿線の**漢字の読み**を**ひらがな**で答えよ。

☐ **01** 有望選手の<u>争奪</u>戦を繰り広げる。

☐ **02** 神社で<u>奉納</u>相撲が行われた。

☐ **03** 父は<u>港湾</u>関係の仕事をしている。

☐ **04** そこは山に囲まれた陸の<u>孤島</u>だ。

☐ **05** 給付金の<u>申請</u>を行う。

☐ **06** プロに転向後、初の<u>栄冠</u>に輝く。

☐ **07** 新聞に書評が<u>掲載</u>された。

☐ **08** 病院で最適の治療を<u>施</u>す。

☐ **09** 同じ曲を<u>飽</u>きることなく聴く。

☐ **10** 学問の道を<u>究</u>めることにした。

解 答	解 説
そうだつ	争奪：互いに争うこと。争い奪い合うこと。**出例** 奪回／強奪／奪う
ほうのう	奉納：神仏に喜んでもらうために供物を供えたり、その前で芸能や競技を行ったりすること。**出例** 信奉／奉仕
こうわん	港湾：船舶の発着・停泊などが行われる港とその水域。**出例** 湾曲／湾内
ことう	孤島：一つだけ遠く離れた海上にある島。「陸の孤島」は交通の便が悪く、さながら孤島のような場所のこと。**出例** 孤独／孤立
しんせい	申請：公的な機関に認可や許可などを求めること。**出例** 要請／請求／請ける／下請け
えいかん	栄冠：輝かしい勝利や成功などのしるしとして与えられる冠。名誉。栄誉。**出例** 弱冠／冠水
けいさい	掲載：新聞や雑誌などに、文や写真などをのせること。**出例** 掲揚／前掲／掲げる
ほどこす	施す：恵まれない人を援助する。めぐみ与える。飾りなど何かを付け加える。効果を期待して、何か事を行う。何かを立派になしとげ、高い評価を保つ。**出例** 施設
あきる	飽きる：満ち足りて、それ以上はほしくなくなる。同じことが何度も重なり、続けるのがいやになる。**出例** 見飽きる／飽食
きわめる	究める：学問などを研究して物事の本質などを明らかにする。**豆**「究」は8級配当漢字だが、「きわ（める）」は中学校で学習する読み。

読み 同音・同訓異字 漢字識別 熟語の構成 部首 対義語・類義語 漢字と送りがな 四字熟語 誤字訂正 書き取り

129

次の＿＿線の**漢字の読み**を**ひらがな**で答えよ。

□ **01** 師匠について技をきわめる。

□ **02** 英語の絵本を翻訳する。

□ **03** 入学試験合格の吉報を待つ。

□ **04** 長年の辛苦の末、勝利をつかむ。

□ **05** 波浪注意報が発令された。

□ **06** 姉には潔癖すぎる部分がある。

□ **07** 膨大な資料の整理に忙殺された。

□ **08** 長い髪をきれいに結う。

□ **09** 苦しい修行を続けて悟りを開く。

□ **10** 野菜の卸値が上昇する。

読み

同音・同訓異字

漢字識別

熟語の構成

部首

対義語・類義語

漢字と送りがな

四字熟語

誤字訂正

書き取り

解答	解説
ししょう	師匠：学問や芸術などを教える人のこと。 **出例** 巨匠／名匠
ほんやく	翻訳：ある言語で表された文章を他の言語に直して表すこと。また、その文章。 **出例** 翻意
きっぽう	吉報：よい知らせ、喜ばしい便りのこと。 **出例** 吉凶／不吉
しんく	辛苦：つらい目にあって苦しい思いをすること。また、その苦しみ。 **出例** 辛抱／香辛料／辛い
はろう	波浪：水面の波の動き。海面などの波のこと。 **出例** 浪費／放浪
けっぺき	潔癖：不潔さや不潔なことを極度にきらうこと。また、その性質。 **出例** 習癖／難癖／癖
ぼうだい	膨大：ふくれて大きくなること。 **出例** 膨張／膨らむ／膨れる
ゆう	結う：髪を整えてむすぶ。ひもなどでしばる。 **豆**「結」は7級配当漢字だが、「ゆ(う)、ゆ(わえる)」は中学校で学習する読み **出例** 結わえる
さとり	悟り：仏教で、迷いが去って真理を得ること。さとること。感づくこと。 **出例** 覚悟
おろしね	卸値：おろし売りの値段。

次の＿＿線の**漢字の読み**を**ひらがな**で答えよ。

□ **01** 祖母の米寿に祝宴を開いた。

□ **02** 母は華美な服装を好む。

□ **03** 不安と期待の気持ちが交錯する。

□ **04** バイクが道路を疾駆する。

□ **05** 生硬な直訳でわかりづらい。

□ **06** 画像の輪郭がはっきりしない。

□ **07** 就職を契機に一人暮らしを始める。

□ **08** 氷の塊を削って氷像をつくる。

□ **09** 庭で飼っている鶏が毎朝卵を産む。

□ **10** 布を裁って服を仕立てる。

解答	解説

しゅくえん

祝宴：祝いの宴会。
出例 宴席

かび

華美：華やかで美しいこと。また、華やか
すぎて不相応なこと。
出例 繁華街／華麗／華やぐ／華やかだ

こうさく

交錯：いくつかのものが入りまじること。
出例 錯誤／錯覚

しっく

疾駆：車や馬などを速く走らせること。
出例 疾走／疾風

せいこう

生硬：表現が未熟でかたいこと。態度が頑
固なこと。
出例 硬式／硬貨／硬い

りんかく

輪郭：物の外形を作っている線。物事の概
要。
出例 外郭

けいき

契機：ある事柄を生じさせたり変化させた
りするきっかけ。動機。
出例 契約

かたまり

塊：かたまった物。かたまること。ある性
質や傾向などが極端であること。また、そ
の人。出例 金塊

にわとり

鶏：家畜として飼育されるキジ目キジ科の
鳥。卵用、肉用など、多くの品種がある。
頭にとさかがある。出例 鶏舎／鶏卵

たって

裁つ：紙や布を切る。
豆 「裁」は5級配当漢字だが、「た（つ）」
は中学校で学習する読み 出例 体裁

読み

同音同訓異字

漢字識別

熟語の構成

部首

対義語・類義語

漢字と送りがな

四字熟語

誤字訂正

書き取り

次の___線の**漢字の読み**を**ひらがな**で答えよ。

☑ **01** 幽玄な世界を表現した作品だ。

☑ **02** 耐乏生活を続けている。

☑ **03** 酒を飲んで気炎をあげる。

☑ **04** どちらの企画も甲乙つけがたい。

☑ **05** 被害程度を勘案して立件を見送る。

☑ **06** 将来のために倹約する。

☑ **07** 帳簿のつけ方がわからない。

☑ **08** 庭の落ち葉を掃くのが日課だ。

☑ **09** 広場は市民の憩いの場だ。

☑ **10** 買い物袋を手に提げる。

解答 / 解説

解答	解説
ゆうげん	幽玄：趣が奥深く、はかりしれないこと。 **出例** 幽霊／幽谷
たいぼう	耐乏：物資のとぼしい状態や不自由な状態を耐え忍ぶこと。 **出例** 欠乏／乏しい
きえん	気炎：燃えるように盛んな意気ごみ。議論の場などで見せる威勢。 **出例** 炎天下／炎天／炎
こうおつ	甲乙：甲と乙。二つのものの間の優劣。**豆**「甲乙つけがたい」は、「両者の間に差がなく、どちらがすぐれているかを決めるのが難しい」の意　**出例** 甲高い／甲
かんあん	勘案：あれこれと考え合わせること。 **出例** 勘弁／勘定
けんやく	倹約：むだ遣いをしないようにすること。節約。
ちょうぼ	帳簿：金銭や物品の出納など、事務上の必要事項を記入する帳面。 **出例** 名簿
はく	掃く：ほうきなどではらって、ごみなどを除く。掃除をする。 **出例** 一掃／清掃
いこい	憩い：心や体を休めること。休息。くつろぎ。 **出例** 休憩
さげる	提げる：手に持ったり肩にかけたりして、下に垂らす。**豆**「提」は6級配当漢字だが、「さ（げる）」は中学校で学習する読み

縦書き：読み／同音・同訓異字／漢字識別／熟語の構成／部首／対義語・類義語／漢字と送りがな／四字熟語／誤字訂正／書き取り

135

次の___線の**カタカナ**にあてはまる漢字をそれぞれの**ア～オ**から**一つ**選び、**記号**を答えよ。

☐ **01** 定期的に**ロウ**電の検査を行う。

ア	楼
イ	浪
ウ	廊
エ	郎
オ	漏

☐ **02** 父は若いこと放**ロウ**の旅に出ていた。

☐ **03** 古い寺院の回**ロウ**を歩く。

☐ **04** 事故現場に慰**レイ**碑を建てる。

ア	齢
イ	励
ウ	零
エ	麗
オ	霊

☐ **05** **レイ**細企業だが業績は好調だ。

☐ **06** うがいと手洗いを**レイ**行する。

☐ **07** 同じ味の料理ばかりでは**ア**きる。

ア	揚
イ	荒
ウ	飽
エ	挙
オ	遭

☐ **08** 毎朝、社旗を**ア**げる。

☐ **09** 海外旅行で盗難に**ア**う。

解答	解説
オ	漏電：電線の絶縁不良や機械の故障などが原因で、電気がもれて流れること。 出例 遺漏／脱漏／漏水
イ	放浪：あてもなくさまよい歩くこと。 出例 浪費／波浪／浪人
ウ	回廊：建物や中庭などの周囲をとりまく長く折れ曲がったろう下。 出例 画廊／廊下
オ	慰霊：死者のれい魂をなぐさめること。 出例 霊前／幽霊／慰霊祭
ウ	零細：規模などが小さいこと。非常にわずかなこと。 出例 零下／零度／零落
イ	励行：決めたことや決められたことを一所懸命に実行すること。 出例 激励／精励／勉励
ウ	飽きる：同じことが何度も重なり、続けるのがいやになる。満ち足りて、それ以上はほしくなくなる。 出例 飽かす／飽く
ア	揚げる：あげ物を作ること。旗をあげること。気分などを高めること。 出例 揚がる
オ	遭う：好ましくないことが自分に起こる。偶然に出あう。

同音・同訓異字②

次の＿＿線の**カタカナ**にあてはまる漢字をそれぞれの**ア～オ**から**一つ**選び、**記号**を答えよ。

☑ **01** ビルの建設工事を<u>ウ</u>け負う。

☑ **02** 奇襲をかけて敵将を<u>ウ</u>ち果たす。

☑ **03** 山道で車が雪に<u>ウ</u>まる。

ア 浮
イ 討
ウ 撃
エ 請
オ 埋

☑ **04** <u>カ</u>空請求事件が多発している。

☑ **05** 物語はいよいよ<u>カ</u>境に入った。

☑ **06** 招待客には豪<u>カ</u>な食事が用意された。

ア 華
イ 佳
ウ 箇
エ 菓
オ 架

☑ **07** 新薬の開発を<u>ソ</u>害する政策だ。

☑ **08** <u>ソ</u>暴な人物をなだめる。

☑ **09** 公園には当時の<u>ソ</u>石が残っている。

ア 阻
イ 粗
ウ 措
エ 訴
オ 礎

解 答	解 説
エ	請け負う：期限や報酬を決めて仕事などを引き受けること。責任をもって引き受けること。 出例 下請け
イ	討つ：相手を攻めて滅ぼす。きり殺す。 出例 敵討ち
オ	埋まる：穴などが物でふさがれること。また、場所が人や物でいっぱいになること。 出例 埋もれる／埋める
オ	架空：想像でつくりあげること。空中にかけわたすこと。根拠のないこと。 出例 担架／架線／高架
イ	佳境：話などのおもしろい場面。景色のよいところ。 出例 佳作
ア	豪華：はなやかで派手なこと。 出例 華美／華麗／昇華
ア	阻害：じゃますること。物事を妨げて進行させないこと。 出例 阻止／険阻
イ	粗暴：性格や行動が荒っぽいこと。 出例 粗野／粗末／粗雑
オ	礎石：建物の基礎となる石。物事の土台。 出例 基礎／定礎

同音・同訓異字③

次の＿＿線の**カタカナ**にあてはまる漢字をそれぞれの**ア〜オ**から**一つ**選び、**記号**を答えよ。

☐ **01** ユウ玄な美しさをもつ絵画だ。

☐ **02** 政府はこの事態をユウ慮している。

☐ **03** ユウ大な計画を立てる。

ア 誘
イ 雄
ウ 優
エ 憂
オ 幽

☐ **04** 必死で内心の動ヨウを隠した。

☐ **05** 父親だけが息子をヨウ護した。

☐ **06** 元気がなく抑ヨウのない話し方だ。

ア 揚
イ 揺
ウ 擁
エ 幼
オ 容

☐ **07** お客様の御愛コに感謝する。

☐ **08** 定年退職者を再コ用する。

☐ **09** 陸のコ島といわれた地域だ。

ア 弧
イ 顧
ウ 孤
エ 誇
オ 雇

解 答	解 説

オ
幽玄：奥深く味わい深いこと。
出例 幽閉／幽谷

エ
憂慮：心配すること。不安に思うこと。
出例 憂色

イ
雄大：規模がとても大きく堂々としていること。
出例 雌雄／英雄／雄弁

イ
動揺：ゆれ動くこと。気持ちなどが不安定になること。

ウ
擁護：危害などを加えようとするものから、かばい守ること。
出例 抱擁／擁立

ア
抑揚：話すときの音声や音楽、文章などの調子を上げたり下げたり、強めたり弱めたりすること。
出例 掲揚／高揚

イ
愛顧：目をかけ引き立てること。「御」をつけて引き立てられる側が用いる。
出例 恩顧／回顧／顧客

オ
雇用：人をやとうこと。
出例 解雇

ウ
孤島：一つだけ遠く離れた海上にある島。「陸の孤島」は交通の便が悪く、さながら孤島のような場所のこと。 出例 孤高／孤独／孤立

同音・同訓異字④

次の＿＿線の**カタカナ**にあてはまる漢字をそれぞれの**ア～オ**から**一つ**選び、**記号**を答えよ。

☑ **01** 目を**コ**らして遠くのものを見る。

☑ **02** 調理中になべを**コ**がした。

☑ **03** 一万人を**コ**える大観衆が集まった。

ア	焦
イ	超
ウ	凝
エ	濃
オ	越

☑ **04** **ジョウ**長で退屈な講演だった。

☑ **05** 大きな門の**ジョウ**前を下ろす。

☑ **06** 少しずつ**ジョウ**歩して交渉する。

ア	譲
イ	錠
ウ	丈
エ	冗
オ	嬢

☑ **07** 妹は屈**タク**なく笑った。

☑ **08** **タク**越したデザインセンスが光る。

☑ **09** 国際会議で動議が採**タク**される。

ア	択
イ	拓
ウ	宅
エ	卓
オ	託

解 答	解 説

ウ — 凝らす：意識を一つのところや物に集中させる。こり固まるようにする。
出例 凝る

ア — 焦がす：火で焼いて黒くする。思い悩ます。
出例 焦がれる／焦げる

イ — 超える：ある基準や数値を上回る。ある一定の範囲の外に出る。（豆）「越える」は場所や時間を過ぎて先へ進む場合に使う

エ — 冗長：文章や会話にむだが多く、長いこと。
出例 冗談／冗漫

イ — 錠前：戸やふたなどにつけて、自由に開閉できないようにする金具のこと。
出例 錠剤／手錠

ア — 譲歩：自分の意見や主張を曲げて、他の人の説に従ったり妥協したりすること。
出例 譲渡／分譲

オ — 屈託：くよくよすること。一つのことばかりが気にかかること。出例 委託／託児所／託児（豆）「屈託なく」は心が晴れ晴れとしている様子のこと

エ — 卓越：他よりもはるかにすぐれていること。能力が抜きん出ていること。
出例 卓抜／食卓／卓上

ア — 採択：いくつかあるものの中から選び取ること。
出例 択一／選択

01〜05の三つの□に**共通する漢字**を入れて熟語を作れ。漢字は**ア〜コ**から**一つ**選び、**記号**を答えよ（**06〜10**も同様）。

☑ **01** 清□・□価・破□恥

ア	薄
イ	駐
ウ	拘
エ	削
オ	換
カ	優
キ	卑
ク	替
ケ	排
コ	廉

☑ **02** □算・互□性・交□

☑ **03** 常□・□在・□留

☑ **04** □除・□斥・□出

☑ **05** □下・□劣・□屈

☑ **06** 内□・□争・□失

ア	遂
イ	湿
ウ	擁
エ	看
オ	豊
カ	催
キ	了
ク	販
ケ	紛
コ	闘

☑ **07** 抱□・□護・□立

☑ **08** 陰□・□潤・除□

☑ **09** 開□・□促・□眠

☑ **10** 魅□・完□・□承

解 答	解 説

コ
清廉：心が清らかで私欲のないこと。
廉価：品物の値段が安いこと。
破廉恥：恥を恥とも思わないこと。恥知らず。

オ
換算：数値・数量を他の単位にかえて計算すること。
互換性：他の機械部品などと取りかえが可能であること。
交換：物と物、位置や所有物などを取りかえること。

イ
常駐：つねにそこにとどまっていること。
駐在：任務のために他の地にとどまること。
駐留：軍隊が一時的にある土地に滞在すること。

ケ
排除：押しのけて取り除くこと。
排斥：人や思想などを押しのけ、しりぞけること。
排出：内部の不用な物を外へ出すこと。

キ
卑下：自分を劣ったものとしていやしめること。
卑劣：品性や行動がいやしく、低級であること。
卑屈：自分をいやしめて、他にへつらうこと。

ケ
内紛：内部での争い。うちわもめ。
紛争：事がもつれて争うこと。もめごと。
紛失：物がまぎれてなくなること。

ウ
抱擁：愛情を持ってだきかかえること。
擁護：危険や外敵から、かばい守ること。
擁立：もり立てて、ある地位につかせること。

イ
陰湿：暗くてじめじめしていること。また、そのさま。
湿潤：しっ気の多いこと。また、そのさま。
除湿：しっ気を取り除くこと。

カ
開催：会や行事、もよおし物を開くこと。
催促：早くするようにせき立てること。
催眠：眠気をもよおすこと。眠気をうながすこと。

キ
魅了：人の心を引きつけて夢中にさせること。
完了：完全に終わること。終えること。
了承：事情を理解して納得すること。

漢字識別②

01〜05の三つの□に**共通する漢字**を入れて熟語を作れ。漢字は**ア〜コ**から**一つ**選び、**記号**を答えよ（06〜10も同様）。

☑ **01** 沈□・□伏・□入

ア	施
イ	審
ウ	幽
エ	巧
オ	潜
カ	慰
キ	没
ク	魂
ケ	亡
コ	常

☑ **02** □問・□霊・□労

☑ **03** □胆・精□・鎮□

☑ **04** □設・□行・□策

☑ **05** □閉・□霊・□玄

☑ **06** □圧・□制・□揚

ア	抑
イ	憂
ウ	賛
エ	審
オ	威
カ	諾
キ	快
ク	霊
ケ	争
コ	焦

☑ **07** □燥・□点・□慮

☑ **08** □査・□議・□判

☑ **09** □否・許□・受□

☑ **10** 亡□・□感・□魂

解 答	解 説	
オ	沈潜：水の底深く沈み隠れること。 潜伏：見つからないように隠れてひそむこと。 潜入：こっそりと入り込むこと。	読 み
カ	慰問：災害などで苦しむ人を訪ねてなぐさめること。 慰霊：死んだ人や動物の霊魂をなぐさめること。 慰労：苦労をねぎらい、いたわること。	同音・同訓異字
ク	魂胆：心に抱いているたくらみのこと。 精魂：たましい、精神のこと。 鎮魂：死者のたましいをなぐさめ、しずめること。	漢字識別
ア	施設：ある目的のために設けた設備。 施行：法令の効力を発生させること。「せこう」とも。 施策：ほどこすべき策。	熟語の構成
ウ	幽閉：人をろうなどに閉じこめて外に出さないこと。 幽霊：成仏できずにさまよっている死者の霊魂。 幽玄：趣が奥深く、はかりしれないこと。	部 首
ア	抑圧：無理におさえつけること。 抑制：欲望や衝動、感情などをおさえつけること。 抑揚：音楽、文章などの調子の上げ下げ、強弱。	対義語・類義語
コ	焦燥：いらだち、あせること。 焦点：人々の注意や関心の集まるところ。 焦慮：あせって心をいら立たせること。	漢字と送りがな
エ	審査：詳しく調べて、価値・優劣・適否・等級などを決めること。 審議：物事について詳しく調査・検討し、可否を決めること。 審判：物事の是非・適否・優劣・勝敗などを判定すること。	四字熟語
カ	諾否：承知するか、しないか、ということ。 許諾：先方の希望を聞き入れてゆるすこと。 受諾：相手の提案や申し入れなどを受け入れること。	誤字訂正
ク	亡霊：死んだ人のれい。 霊感：れい的なものを感ずる不思議な感覚、心の働き。 霊魂：肉体とは別に存在すると考えられている、たましいのこと。	書き取り

漢字識別③

01〜05の三つの□に**共通する漢字**を入れて熟語を作れ。漢字は**ア〜コ**から**一つ**選び、**記号**を答えよ（06〜10も同様）。

☑ **01** 放□・□費・波□

ア	携
イ	締
ウ	盟
エ	既
オ	結
カ	浸
キ	凍
ク	階
ケ	符
コ	浪

☑ **02** □結・□傷・解□

☑ **03** 音□・切□・□号

☑ **04** □成・□婚・□知

☑ **05** 連□・□行・□帯

☑ **06** 恩□・□免・容□

ア	赦
イ	畜
ウ	胎
エ	恵
オ	育
カ	房
キ	夫
ク	潔
ケ	摂
コ	掃

☑ **07** □生・□理・□取

☑ **08** 一□・□除・清□

☑ **09** □動・□児・母□

☑ **10** 工□・暖□・乳□

解答	解説

コ
放浪：あてもなくさまよい歩くこと。
浪費：金銭や時間などをむだに使うこと。
波浪：水面の波の動き。

キ
凍結：こおりつくこと。
凍傷：極度の寒気のために起こる身体の組織の損傷。
解凍：冷とうした物をとかして戻すこと。

ケ
音符：楽譜で音の高低や長さを表す記号。
切符：運賃や入場料を支払った証拠となる紙片。
符号：ある情報を伝えるための印や図形。

エ
既成：すでにできあがって存在していること。
既婚：すでに結婚していること。
既知：すでに知っている、知られていること。

ア
連携：連絡を取りあって一緒に物事をすること。
携行：身につけていくこと。
携帯：身に着けたり手にもったりしてもち運ぶこと。

ア
恩赦：刑の全部または一部を消滅させること。
赦免：罪や過失を許すこと。
容赦：許すこと。

ケ
摂生：食生活など生活全般に留意し、健康に気を配ること。
摂理：自然界を支配している法則・理法。
摂取：栄養物などを体内にとり入れること。

コ
一掃：残らず取り去ること。一度にはらい去ること。
掃除：ごみなどを取り去ること。また、社会の害悪などを取り除くこと。
清掃：きれいにそうじすること。

ウ
胎動：たい児が母たい内で動くこと。内部で物事が動き始めること。
胎児：母たい内にいる、まだ出生していない子。
母胎：母のたい内。また、物事を生みだすもとになるもの。

カ
工房：画家や工芸家などの仕事場。アトリエ。
暖房：建物内や部屋の中を暖めること。また、その装置。
乳房：乳汁の分泌などの役割がある付属器官。

読み 同音・同訓異字 漢字識別 熟語の構成 部首 対義語・類義語 漢字と送りがな 四字熟語 誤字訂正 書き取り

149

漢字識別④

01〜05の三つの□に**共通する漢字**を入れて熟語を作れ。漢字は**ア〜コ**から**一つ**選び、記号を答えよ（**06〜10**も同様）。

☑ **01** 興□・□起・□盛

ア	奮
イ	粘
ウ	陳
エ	窓
オ	掌
カ	罰
キ	懇
ク	到
ケ	隆
コ	遇

☑ **02** 遭□・奇□・処□

☑ **03** □握・合□・車□

☑ **04** □述・□腐・開□

☑ **05** □膜・□土・□着

☑ **06** 屈□・追□・□縮

ア	衰
イ	誉
ウ	熟
エ	促
オ	冠
カ	請
キ	隠
ク	託
ケ	欲
コ	伸

☑ **07** 催□・□進・□成

☑ **08** 王□・栄□・弱□

☑ **09** 申□・□願・□求

☑ **10** □弱・盛□・□微

解　答	解　説
ケ	興隆：物事がおこって盛んになること。 隆起：高く盛り上がること。 隆盛：勢いが盛んなこと。
コ	遭遇：思いがけない場面で出会うこと。 奇遇：不思議な縁で巡り会うこと。 処遇：その人に相応した取り扱いをすること。
オ	掌握：自分の思いどおりにすること。 合掌：両手のひらを顔や胸の前で合わせて仏を拝むこと。 車掌：電車やバスなどの中で車内の業務を扱う人。
ウ	陳述：意見や考えなどを口頭で述べること。 陳腐：古くさく、ありふれていてつまらないこと。 開陳：自分の心の内をありのままに述べること。
イ	粘膜：消化管や呼吸器などの内壁の、液で湿っている組織。 粘土：水分を加えるとねばりけを持つ土。 粘着：ねばりつくこと。
コ	屈伸：曲げのばし。かがんだりのびたりすること。 追伸：手紙などで、本文のあとに書き加える文。 伸縮：のびたりちぢんだりすること。
エ	催促：早くするようにせき立てること。 促進：うながして物事を進めようとすること。 促成：植物などを人工的に早く生長させること。
オ	王冠：国王などの君主がかぶるかんむり。 栄冠：勝利や成功などのしるしのかんむり。名誉。 弱冠：男子の二十歳のこと。年が若いこと。
カ	申請：公的な機関に認可や許可などを求めること。 請願：こいねがうこと。ねがい出ること。 請求：相手方に対して一定の行為を要求すること。
ア	衰弱：体などがおとろえて弱ること。 盛衰：盛んになったり、おとろえたりすること。 衰微：盛んだったものが、おとろえること。

読み

同音・同訓異字

漢字識別

熟語の構成

部　首

対義語・類義語

漢字と送りがな

四字熟語

誤字訂正

書き取り

熟語の構成①

熟語の構成のしかたには右の□のようなものがある。次の熟語は□の**ア〜オ**のどれに当たるか、**一つ選び記号**を答えよ。

☑ **01** 未 知

☑ **02** 盛 衰

☑ **03** 緩 急

☑ **04** 駐 車

☑ **05** 選 択

☑ **06** 安 穏

☑ **07** 排 他

☑ **08** 佳 作

☑ **09** 後 悔

☑ **10** 無 粋

ア 同じような意味の漢字を重ねたもの
（例＝**善良**）

イ 反対または対応の意味を表す字を重ねたもの
（例＝**細大**）

ウ 前の字が後ろの字を修飾しているもの
（例＝**美談**）

エ 後ろの字が前の字の目的語・補語になっているもの
（例＝**点火**）

オ 前の字が後ろの字の意味を打ち消しているもの
（例＝**不当**）

解 答	解 説

オ（打消）　未知
未(否定)×←打消 知(る)

イ（反対）　盛衰
盛(んになる)←反→衰(える)

イ（反対）　緩急
緩(やか)←反→急

エ（目・補）　駐車
駐(とめる)←目・補 車(を)

ア（同じ）　選択
選 同 択
どちらも「えらぶ」の意。

ア（同じ）　安穏
安 同 穏
どちらも「やすらか」の意。

エ（目・補）　排他
排(除する)←目・補 他(自分以外を)

ウ（修飾）　佳作
佳(すぐれた) 修→作(品)

ウ（修飾）　後悔
後(になって) 修→悔(いる)

オ（打消）　無粋
無(否定)×←打消 粋(あか抜けている)

読み / 同音・同訓異字 / 漢字識別 / 熟語の構成 / 部首 / 対義語・類義語 / 漢字と送りがな / 四字熟語 / 誤字訂正 / 書き取り

熟語の構成②

熟語の構成のしかたには右の□のようなものがある。次の熟語は□の**ア～オ**のどれに当たるか、**一つ選び記号**を答えよ。

☑ **01** 免税

☑ **02** 虚実

☑ **03** 隔世

☑ **04** 粗食

☑ **05** 無謀

☑ **06** 岐路

☑ **07** 栄辱

☑ **08** 緩慢

☑ **09** 狩猟

☑ **10** 未踏

ア 同じような意味の漢字を重ねたもの
（例＝**善良**）

イ 反対または対応の意味を表す字を重ねたもの
（例＝**細大**）

ウ 前の字が後ろの字を修飾しているもの
（例＝**美談**）

エ 後ろの字が前の字の目的語・補語になっているもの
（例＝**点火**）

オ 前の字が後ろの字の意味を打ち消しているもの
（例＝**不当**）

合格点 **7**/10　1回目　月　日　/10　2回目　月　日　/10　頻出度 B

解　答	解　説

エ（目・補）　**免税**（めんぜい）　　免（じる）←**目・補** 税（金を）

イ（反対）　**虚実**（きょじつ）　　虚（中身がない）←**反**→実（中身がある）

エ（目・補）　**隔世**（かくせい）　　隔（たる）←**目・補** 世（時代が）

ウ（修飾）　**粗食**（そしょく）　　粗（末な）**修**→食（事）

オ（打消）　**無謀**（むぼう）　　無（否定）×←**打消** 謀（様々な方法を考える）

ウ（修飾）　**岐路**（きろ）　　岐（分かれる）**修**→路（みち）

イ（反対）　**栄辱**（えいじょく）　　栄（ほまれ）←**反**→辱（はずかしめ）

ア（同じ）　**緩慢**（かんまん）　　緩 **＝同＝** 慢
どちらも「進みがゆっくりとしている」の意。

ア（同じ）　**狩猟**（しゅりょう）　　狩 **＝同＝** 猟
どちらも「野生の動物を捕らえる」の意。

オ（打消）　**未踏**（みとう）　　未（否定）×←**打消** 踏（足を踏み入れる）

読み　同音・同訓異字　漢字識別　熟語の構成　部首　対義語・類義語　漢字と送りがな　四字熟語　誤字訂正　書き取り

155

熟語の構成のしかたには右の□のようなものがある。次の熟語は□のア〜オのどれに当たるか、一つ選び記号を答えよ。

☑ **01** 添 削

☑ **02** 締 結

☑ **03** 登 壇

☑ **04** 未 明

☑ **05** 裸 眼

☑ **06** 隠 匿

☑ **07** 遵 法

☑ **08** 稚 魚

☑ **09** 未 詳

☑ **10** 正 邪

ア 同じような意味の漢字を重ねたもの（例＝**善良**）

イ 反対または対応の意味を表す字を重ねたもの（例＝**細大**）

ウ 前の字が後ろの字を修飾しているもの（例＝**美談**）

エ 後ろの字が前の字の目的語・補語になっているもの（例＝**点火**）

オ 前の字が後ろの字の意味を打ち消しているもの（例＝**不当**）

合格点 **7/10**

1回目 　月　日 **/10**

2回目 　月　日 **/10**

解 答	解 説

イ（反対）　添削 _{てんさく}　　添（える）← 反 →削（る）

ア（同じ）　締結 _{ていけつ}　　締 ＝同＝ 結
どちらも「むすぶ」の意。

エ（目・補）　登壇 _{とうだん}　　登（る）← 目・補 壇（上に）

オ（打消）　未明 _{みめい}　　未（否定）×← 打消 明（夜明け）

ウ（修飾）　裸眼 _{らがん}　　裸（の）　 修 →眼

ア（同じ）　隠匿 _{いんとく}　　隠 ＝同＝ 匿
どちらも「かくす」の意。

エ（目・補）　遵法 _{じゅんぽう}　　遵（尊重する）← 目・補 法（律を）

ウ（修飾）　稚魚 _{ちぎょ}　　稚（幼い）　 修 →魚

オ（打消）　未詳 _{みしょう}　　未（否定）×← 打消 詳（しい）

イ（反対）　正邪 _{せいじゃ}　　正（しい）← 反 →邪（不正）

読み

同音・同訓異字

漢字識別

熟語の構成

部首

対義語・類義語

漢字と送りがな

四字熟語

誤字訂正

書き取り

熟語の構成のしかたには右の□のようなものがある。次の熟語は□のア〜オのどれに当たるか、一つ選び記号を答えよ。

☑ 01 欠乏

☑ 02 基礎

☑ 03 鎮魂

☑ 04 起伏

☑ 05 抑揚

☑ 06 共謀

☑ 07 未納

☑ 08 換気

☑ 09 未来

☑ 10 海賊

ア 同じような意味の漢字を重ねたもの
（例＝善良）

イ 反対または対応の意味を表す字を重ねたもの
（例＝細大）

ウ 前の字が後ろの字を修飾しているもの
（例＝美談）

エ 後ろの字が前の字の目的語・補語になっているもの
（例＝点火）

オ 前の字が後ろの字の意味を打ち消しているもの
（例＝不当）

解 答	解 説	
ア（同じ）	<ruby>欠乏<rt>けつぼう</rt></ruby>	欠 **＝同＝** 乏 どちらも「とぼしい」の意。
ア（同じ）	<ruby>基礎<rt>き そ</rt></ruby>	基 **＝同＝** 礎 どちらも「物事の土台」の意。
エ（目・補）	<ruby>鎮魂<rt>ちんこん</rt></ruby>	鎮（める）←**目・補** 魂（を）
イ（反対）	<ruby>起伏<rt>き ふく</rt></ruby>	起（きる）←**反**→伏（せる）
イ（反対）	<ruby>抑揚<rt>よくよう</rt></ruby>	抑（える）←**反**→揚（げる）
ウ（修飾）	<ruby>共謀<rt>きょうぼう</rt></ruby>	共（に）**修**→謀（はかる）
オ（打消）	<ruby>未納<rt>み のう</rt></ruby>	未（否定）×←**打消** 納（める）
エ（目・補）	<ruby>換気<rt>かん き</rt></ruby>	換（いれかえる）←**目・補** 気（空気を）
オ（打消）	<ruby>未来<rt>み らい</rt></ruby>	未（否定）×←**打消** 来（る）
ウ（修飾）	<ruby>海賊<rt>かいぞく</rt></ruby>	海（の）**修**→賊

読み

同音・同訓異字

漢字識別

熟語の構成

部首

対義語・類義語

漢字と送りがな

四字熟語

誤字訂正

書き取り

159

次の漢字の**部首**を**ア〜エ**から**一つ**選び、**記号**で答えよ。

☐ **01**	房	ア 尸	イ 戸	ウ 方	エ 一
☐ **02**	廊	ア 阝	イ 广	ウ 艮	エ 白
☐ **03**	顧	ア 頁	イ 戸	ウ 隹	エ 自
☐ **04**	貫	ア 一	イ 母	ウ ハ	エ 貝
☐ **05**	尿	ア 丿	イ ノ	ウ 水	エ 尸
☐ **06**	敢	ア 攵	イ 耳	ウ 工	エ ノ
☐ **07**	辛	ア 十	イ 立	ウ 亠	エ 辛
☐ **08**	冠	ア 冖	イ ル	ウ 二	エ 寸
☐ **09**	厘	ア 厂	イ 里	ウ 田	エ 土
☐ **10**	喫	ア 大	イ 刀	ウ 土	エ 口
☐ **11**	殴	ア 殳	イ 匚	ウ 又	エ 几
☐ **12**	彫	ア 彡	イ 土	ウ 口	エ 冂
☐ **13**	掌	ア 丷	イ 手	ウ 口	エ 宀
☐ **14**	辱	ア 厂	イ 辰	ウ 寸	エ 丶
☐ **15**	酵	ア 子	イ 酉	ウ 耂	エ 西

解 答	解 説
イ	戸：とだれ　とかんむり **出例** 扇もよく出る
イ	广：まだれ **出例** 廉もよく出る
ア	頁：おおがい **出例** 顔/題/項もよく出る
エ	貝：かい　こがい **出例** 賢/賞もよく出る
エ	尸：かばね　しかばね **出例** 局/属/層/尾もよく出る
ア	攵：のぶん　ぼくづくり **出例** 数/教/敬/整もよく出る
エ	辛：からい **出例** 辞もよく出る
ア	冖：わかんむり **出例** 冗もよく出る
ア	厂：がんだれ **出例** 厚もよく出る
エ	口：くちへん **出例** 喝/喚もよく出る
ア	殳：るまた　ほこづくり
ア	彡：さんづくり **出例** 彩もよく出る
イ	手：て **出例** 撃もよく出る
イ	辰：しんのたつ **出例** 農もよく出る
イ	酉：とりへん **出例** 酔もよく出る

読み／同音・同訓異字／漢字識別／熟語の構成／部首／対義語・類義語／漢字と送りがな／四字熟語／誤字訂正／書き取り

次の漢字の**部首**を**ア〜エ**から**一つ**選び、**記号**で答えよ。

☐ **01**	削	ア ⑪ イ 丿 ウ リ エ 月
☐ **02**	蛮	ア 虫 イ 一 ウ ハ エ 土
☐ **03**	髄	ア 辶 イ 月 ウ 骨 エ ノ
☐ **04**	企	ア 人 イ 一 ウ 止 エ ノ
☐ **05**	塊	ア 儿 イ ム ウ 田 エ 土
☐ **06**	封	ア 土 イ ハ ウ 丨 エ 寸
☐ **07**	慨	ア 牙 イ 丨 ウ 忄 エ 日
☐ **08**	閲	ア 儿 イ 門 ウ 口 エ 丿
☐ **09**	霊	ア 宀 イ 冖 ウ 雨 エ 二
☐ **10**	匠	ア 斤 イ 亡 ウ 匚 エ 一
☐ **11**	雇	ア 尸 イ 戸 ウ 隹 エ 一
☐ **12**	卸	ア ノ イ 止 ウ 二 エ 卩
☐ **13**	婿	ア 女 イ 疋 ウ 卜 エ 月
☐ **14**	斗	ア 丨 イ 斗 ウ 丶 エ 十
☐ **15**	慕	ア 小 イ 日 ウ 丨 エ 艹

解 答	解 説	
ウ	リ：りっとう 出例 刑／剣／劇／剤もよく出る	読 み
ア	虫：むし 出例 蚕もよく出る	同音・同訓異字
ウ	骨：ほねへん	
ア	亠：ひとやね	漢字識別
エ	扌：つちへん 出例 壇／埋／墳もよく出る	熟語の構成
エ	寸：すん 出例 射／寿／尋もよく出る	
ウ	忄：りっしんべん 出例 慌／悦もよく出る	部 首
イ	門：もんがまえ 出例 闘もよく出る	
ウ	雨：あめかんむり 出例 零／震／需もよく出る	対義語・類義語
ウ	匚：はこがまえ	
ウ	隹：ふるとり 出例 隻／雑もよく出る	漢字と送りがな
エ	卩：わりふ ふしづくり	四字熟語
ア	女：おんなへん 出例 嬢／娯もよく出る	
イ	斗：とます 出例 斜もよく出る	誤字訂正
ア	小：したごころ	書き取り

対義語・類義語①

右の□内のひらがなを一度だけ使い、漢字**一字**に直して□に入れ、**対義語・類義語**を作れ。

対義語

☑ 01 正統 ↔ □端

☑ 02 怠慢 ↔ 勤□

☑ 03 添加 ↔ 削□

☑ 04 膨張 ↔ □縮

☑ 05 非難 ↔ 賞□

類義語

☑ 06 肝要 = 大□

☑ 07 音信 = 消□

☑ 08 潤沢 = □富

☑ 09 賢明 = □口

☑ 10 拘束 = 束□

い
さん
しゅう
じょ
せつ
そく
ばく
べん
ほう
り

解 答	解 説
異端 (いたん)	正統：正しい系統。 異端：正統から外れていること。
勤勉 (きんべん)	怠慢：なまけおこたること。 勤勉：仕事や学問などに、一生懸命にはげむこと。
削除 (さくじょ)	添加：別の物を加えること。 削除：物事を取りのぞくこと。 出例 追加 ↔ 削除
収縮 (しゅうしゅく)	膨張：ふくれて広がること。 収縮：しまって縮まること。縮めること。
賞賛 (しょうさん)	非難：人の欠点や過失を責めること。 賞賛：ほめたたえること。 出例 悪口 ↔ 賞賛
大切 (たいせつ)	肝要：非常に大事なこと。必要なこと。 大切：重要であること。大事にすること。 出例 肝心 = 大切
消息 (しょうそく)	音信：手紙などによる連絡。 消息：便りや知らせ、手紙のこと。
豊富 (ほうふ)	潤沢：物資などがふんだんにあること。 豊富：ゆたかであること。また、そのさま。 対義語 欠乏
利口 (りこう)	賢明：かしこくて適切な処置や判断を下せるさま。 利口：頭がよいこと。賢いこと。
束縛 (そくばく)	拘束：行動や思想の自由を制限すること。 束縛：行動などに制限を加えること。

対義語・類義語②

右の□内のひらがなを一度だけ使い、漢字**一字**に直して□に入れ、**対義語・類義語**を作れ。

対義語

☑ **01** 起床 ↔ □寝

☑ **02** 質素 ↔ 豪□

☑ **03** 自慢 ↔ 卑□

☑ **04** 歓喜 ↔ □哀

☑ **05** 難解 ↔ 平□

類義語

☑ **06** 朗報 = □報

☑ **07** 名残 = □情

☑ **08** 永遠 = 恒□

☑ **09** 大要 = 概□

☑ **10** 警護 = 護□

い
えい
か
きっ
きゅう
げ
しゅう
ひ
よ
りゃく

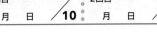

解答	解説
就寝（しゅうしん）	起床（きしょう）：寝床から起き出すこと。 就寝（しゅうしん）：眠りにつくこと。寝床に入ること。
豪華（ごうか）	質素（しっそ）：飾りけのないこと。 豪華（ごうか）：はなやかで派手なこと。
卑下（ひげ）	自慢（じまん）：自分や自分に関係の深い物事をほめ、人に誇ること。 卑下（ひげ）：へりくだること。 類義語 卑屈（ひくつ）
悲哀（ひあい）	歓喜（かんき）：非常に喜ぶこと。 悲哀（ひあい）：かなしく、哀れなこと。 出例 喜悦（きえつ）↔悲哀（ひあい） 類義語 悲嘆（ひたん）
平易（へいい）	難解（なんかい）：難しくてわかりにくいこと。 平易（へいい）：簡単でわかりやすいこと。
吉報（きっぽう）	朗報（ろうほう）：よい知らせ。喜ばしい知らせ。 吉報（きっぽう）：よい知らせ。喜ばしい通知。
余情（よじょう）	名残（なごり）：ある物事が過ぎたあとに、なおその気配などが残ること。 余情（よじょう）：後々まで残っているしみじみとした味わい。
恒久（こうきゅう）	永遠（えいえん）：果てしなく続くこと。 恒久（こうきゅう）：ある状態がひさしく変わらないこと。
概略（がいりゃく）	大要（たいよう）：だいたいの要点。あらまし。 概略（がいりゃく）：物事のあらまし。 出例 概要（がいよう）＝概略（がいりゃく）
護衛（ごえい）	警護（けいご）：事故などが起こらないように人や物を守ること。 護衛（ごえい）：人や物を守ること。

対義語・類義語③

右の□内のひらがなを一度だけ使い、漢字**一字**に
直して□に入れ、**対義語・類義語**を作れ。

対義語

☑ **01** 老成 ↔ □稚

☑ **02** 膨張 ↔ 収□

☑ **03** 虐待 ↔ 愛□

☑ **04** 実像 ↔ □像

☑ **05** 必然 ↔ □然

類義語

☑ **06** 虚構 ＝ 架□

☑ **07** 追憶 ＝ □顧

☑ **08** 嘱望 ＝ □待

☑ **09** 辛酸 ＝ □苦

☑ **10** 展示 ＝ □列

かい
き
きょ
くう
ぐう
ご
こん
しゅく
ちん
よう

解 答	解 説
幼稚 (ようち)	老成：年齢を重ね、経験を積み、物事に熟練して上達すること。 幼稚：おさないこと。考え方などが未熟なこと。 出例　老練 ↔ 幼稚　対義語　老練
収縮 (しゅうしゅく)	膨張：ふくれて広がること。 収縮：しまってちぢまること。ちぢめること。
愛護 (あいご)	虐待：むごい扱いをすること。 愛護：かわいがり、大切にすること。
虚像 (きょぞう)	実像：表面的な見かけを離れた本当の姿。 虚像：実際とは異なる、意識してつくられた姿。
偶然 (ぐうぜん)	必然：必ずそうなること。 偶然：予想しないことが起こること。
架空 (かくう)	虚構：実際にはないことを、事実らしくつくり上げること。 架空：根拠のないこと。想像でつくりあげること。 類義語　空想
回顧 (かいこ)	追憶：過去を思い出すこと。 回顧：過去のことを思い起こすこと。 類義語　回想
期待 (きたい)	嘱望：人の将来に望みをかけること。 期待：将来そのことが実現するようにと望みをかけて待つこと。
困苦 (こんく)	辛酸：つらい思い。苦しみ。 困苦：こまり苦しむこと。 類義語　苦難
陳列 (ちんれつ)	展示：作品や品物を並べて一般に公開すること。 陳列：人に見せるために物品を並べること。

読み
同音・同訓異字
漢字識別
熟語の構成
部首
対義語・類義語
漢字と送りがな
四字熟語
誤字訂正
書き取り

対義語・類義語④

右の□内のひらがなを一度だけ使い、漢字**一字**に直して□に入れ、**対義語・類義語**を作れ。

対義語

☑ **01** 釈放 ↔ □束

☑ **02** 乾燥 ↔ □潤

☑ **03** 邪悪 ↔ □良

☑ **04** 辞退 ↔ 承□

☑ **05** 発生 ↔ 消□

類義語

☑ **06** 順序 = 次□

☑ **07** 出納 = □支

☑ **08** 熱狂 = 興□

☑ **09** 困苦 = 辛□

☑ **10** 即刻 = □速

| こう |
| さっ |
| さん |
| しつ |
| しゅう |
| ぜん |
| だい |
| だく |
| ふん |
| めつ |

合格点 **7**/10　1回目　月　日　/10　2回目　月　日　/10

読み

同音・同訓異字

漢字識別

熟語の構成

部首

対義語・類義語

漢字と送りがな

四字熟語

誤字訂正

書き取り

解答	解説
拘束 こうそく	釈放：捕まえられていた人物が解放されること。 拘束：行動や思想の自由を制限すること。 **出例** 解放 ↔ 拘束　**類義語** 束縛
湿潤 しつじゅん	乾燥：水分や湿気などが失われた状態のこと。 湿潤：水分を多く含んでいること。
善良 ぜんりょう	邪悪：心がねじ曲がって悪意に満ちていること。 善良：性格が素直でおだやかなこと。
承諾 しょうだく	辞退：へりくだって断ること。 承諾：相手の依頼や申し出などを聞いて、引き受けること。**類義語** 受諾
消滅 しょうめつ	発生：新しく物事が起こること。生じること。 消滅：消えてなくなること。
次第 しだい	順序：一定の基準に従った並びのこと。 次第：順番のこと。
収支 しゅうし	出納：金銭などを出し入れすること。 収支：入るお金と出るお金の出入り。
興奮 こうふん	熱狂：異常に気持ちが高ぶり、熱中すること。 興奮：感情が高ぶること。 **対義語** 鎮静
辛酸 しんさん	困苦：こまり苦しむこと。 辛酸：つらい思い。苦しみ。 **出例** 苦難 ＝ 辛酸
早速 さっそく	即刻：すぐさま。即時。 早速：すみやかなさま。直ちに。

対義語・類義語⑤

右の□内のひらがなを一度だけ使い、漢字**一字**に直して□に入れ、**対義語・類義語**を作れ。

対義語

☑ 01 強固 ↔ 柔□

☑ 02 拘束 ↔ 解□

☑ 03 模倣 ↔ 独□

☑ 04 帰路 ↔ □路

☑ 05 穏健 ↔ 過□

類義語

☑ 06 外見 ＝ 体□

☑ 07 潤沢 ＝ 豊□

☑ 08 了解 ＝ □知

☑ 09 計算 ＝ 勘□

☑ 10 吉報 ＝ □報

おう
げき
さい
じゃく
しょう
じょう
そう
ふ
ほう
ろう

解 答	解 説
柔弱 にゅうじゃく	強固：つよくしっかりしているさま。 柔弱：気力などがよわよわしいこと。
解放 かいほう	拘束：行動や思想の自由を制限すること。 解放：ときはなつこと。 出例 束縛 ↔ 解放　類義語 釈放
独創 どくそう	模倣：他の物をまねること。 独創：他者をまねせず独自の考えで発想することと。
往路 おうろ	帰路：帰るときに通る道のこと。帰り道。 往路：目的地へ向かうときの道のこと。 出例 復路 ↔ 往路
過激 かげき	穏健：言動などがおだやかでしっかりしていること。 過激：度を越してはげしいこと。
体裁 ていさい	外見：外から見た様子のこと。 体裁：一定の形式。外見。
豊富 ほうふ	潤沢：物資などがふんだんにあること。 豊富：豊かであること。また、そのさま。 対義語 欠乏
承知 しょうち	了解：物事を理解して納得すること。 承知：知っていること。依頼などを聞き入れること。 類義語 得心／納得
勘定 かんじょう	計算：物の数量を数えること。 勘定：物の数や金銭などを数えること。
朗報 ろうほう	吉報：よい知らせ。喜ばしい通知。 朗報：よい知らせ。喜ばしい知らせ。

読み / 同音・同訓異字 / 漢字識別 / 熟語の構成 / 部首 / 対義語・類義語 / 漢字と送りがな / 四字熟語 / 誤字訂正 / 書き取り

対義語・類義語⑥

右の□内のひらがなを一度だけ使い、漢字**一字**に直して□に入れ、**対義語・類義語**を作れ。

対義語

☑ 01 支配 ↔ □属

☑ 02 実在 ↔ □空

☑ 03 愛護 ↔ 虐□

☑ 04 粗略 ↔ 丁□

☑ 05 釈放 ↔ 拘□

類義語

☑ 06 未熟 = □稚

☑ 07 辛酸 = 困□

☑ 08 不足 = □如

☑ 09 屈服 = 降□

☑ 10 現職 = 現□

えき
か
く
けつ
さん
じゅう
そく
たい
ちょう
よう

解 答	解 説
従属 じゅうぞく	支配：他の人や組織などをしたがわせること。 従属：他者の支配にぞくしていること。
架空 か　くう	実在：実際に存在すること。 架空：根拠のないこと。想像で作りあげること。 類義語 虚構／空想
虐待 ぎゃくたい	愛護：かわいがり、大切にすること。 虐待：むごい扱いをすること。 類義語 迫害
丁重 ていちょう	粗略：いい加減な扱い方をすること。ぞんざい。 丁重：ていねいなこと。
拘束 こうそく	釈放：捕まえられていた人物が解放されること。 拘束：行動や思想の自由を制限すること。 出例 解放 ↔ 拘束　類義語 束縛
幼稚 ようち	未熟：学業や技術の習熟が十分でないこと。 幼稚：おさないこと。考え方などが未熟なこと。 対義語 老成／老練
困苦 こん　く	辛酸：つらい思い。苦しみ。 困苦：こまり苦しむこと。 類義語 苦難
欠如 けつじょ	不足：たりないこと。 欠如：物事が失われてしまっていること。
降参 こうさん	屈伏：負けて従うこと。力尽きて服従すること。 降参：戦いに負けて、相手に従うこと。 出例 屈服 ＝ 降参
現役 げんえき	現職：現在ついている職業のこと。 現役：現在実際に活動中であること。

読み 同音同訓異字 漢字識別 熟語の構成 部首 対義語・類義語 漢字と送りがな 四字熟語 誤字訂正 書き取り

対義語・類義語⑦

右の□内のひらがなを一度だけ使い、漢字**一字**に
直して□に入れ、**対義語・類義語**を作れ。

対義語

☑ 01 受容 ↔ 排□

☑ 02 軽率 ↔ 慎□

☑ 03 興奮 ↔ 鎮□

☑ 04 穏和 ↔ 粗□

☑ 05 師匠 ↔ □子

類義語

☑ 06 携帯 ＝ 所□

☑ 07 嘱望 ＝ 期□

☑ 08 休息 ＝ 休□

☑ 09 借金 ＝ 負□

☑ 10 阻害 ＝ □魔

けい

さい

じ

じゃ

じょ

せい

たい

ちょう

で

ぼう

解　答	解　説
排除 はいじょ	受容：受け入れて取りこむこと。 排除：押しのけて取りのぞくこと。
慎重 しんちょう	軽率：注意深く考えずに軽々しく行動すること。 慎重：注意深くし、軽々しい行動をとらないこと。
鎮静 ちんせい	興奮：感情が高ぶること。 鎮静：騒ぎや気持ちなどがしずまること。しずめて落ち着かせること。
粗暴 そぼう	穏和：穏やかで落ち着いていること。 粗暴：性格や行動が荒っぽいこと。 出例　温和 ↔ 粗暴
弟子 でし	師匠：学問や芸術などを教える人のこと。 弟子：先生から教えを受ける人のこと。
所持 しょじ	携帯：身に着けたり手にもったりしてもち運ぶこと。 所持：物をもっていること。身に着けていること。
期待 きたい	嘱望：人の将来に望みをかけること。 期待：将来そのことが実現するようにと望みをかけて待つこと。
休憩 きゅうけい	休息：仕事などをやめて、心と身を休めること。 休憩：仕事などをいったんやめて、休むこと。
負債 ふさい	借金：金銭を借りること。借りた金銭。 負債：他から金品を借りて、返済の義務を負うこと。また、その借りたもの。
邪魔 じゃま	阻害：妨げること。 邪魔：妨げること。妨げになるもの。 出例　妨害 ＝ 邪魔

読み　同音・同訓異字　漢字識別　熟語の構成　部首　対義語・類義語　漢字と送りがな　四字熟語　誤字訂正　書き取り

対義語・類義語⑧

右の□内のひらがなを一度だけ使い、漢字**一字**に直して□に入れ、**対義語・類義語**を作れ。

対義語

☑ **01** 浪費 ↔ □約

☑ **02** 沈下 ↔ 隆□

☑ **03** 率先 ↔ □随

☑ **04** 協調 ↔ 排□

☑ **05** 自供 ↔ 黙□

類義語

☑ **06** 負債 ＝ □金

☑ **07** 処置 ＝ □置

☑ **08** 監禁 ＝ 幽□

☑ **09** 案内 ＝ 誘□

☑ **10** 両者 ＝ □方

き
しゃっ
せつ
そ
そう
た
つい
どう
ひ
へい

解 答	解 説
節約 せつやく	浪費：金銭や時間などをむだに使うこと。 節約：むだを省いて、切り詰めること。 類義語 倹約／節減
隆起 りゅうき	沈下：しずんでさがること。 隆起：高く盛り上がること。 出例 埋没 ↔ 隆起
追随 ついずい	率先：皆に先立ち行動すること。 追随：前を行くものの後に従うこと。
排他 はいた	協調：利害の対立するものがお互いに協力 しあうこと。 排他：自分の仲間以外の者を受け入れないこと。
黙秘 もくひ	自供：自分の罪などをみずから申し述べること。 黙秘：何も言わずに黙ったままでいること。 出例 自白 ↔ 黙秘
借金 しゃっきん	負債：他から金品をかりて、返済の義務を 負うこと。また、そのかりたもの。 借金：金銭をかりること。かりた金銭。
措置 そち	処置：その場に適した行動を行い始末をつ けること。 措置：うまく取りはからって始末をつけること。
幽閉 ゆうへい	監禁：人を一定の場所にとじ込め、行動の 自由を奪うこと。 幽閉：人をとじこめて外に出さないこと。
誘導 ゆうどう	案内：道や場所などを知らない他者をその 場へみちびくこと。 誘導：人や物を特定の場所までみちびくこと。
双方 そうほう	両者：両方の物・人。 双方：あちらとこちら。関係しているもの の両方。

読み｜同音・同訓異字｜漢字識別｜熟語の構成｜部首｜対義語・類義語｜漢字と送りがな｜四字熟語｜誤字訂正｜書き取り

179

漢字と送りがな①

次の＿＿線の**カタカナ**を**漢字一字**と**送りがな（ひ らがな）**に直せ。 質問に<u>コタエル</u>。 答える

☑ **01** よい音楽をきいて耳を<u>コヤス</u>。

☑ **02** 若手の意見を言下に<u>シリゾケタ</u>。

☑ **03** レジで支払いを<u>スマス</u>。

☑ **04** 風にあたってほてった体を<u>サマシタ</u>。

☑ **05** <u>ヤサシイ</u>言葉で説明する。

☑ **06** 子どもに夕飯の買い物を<u>マカセル</u>。

☑ **07** 受付で手荷物を<u>アズカッテ</u>もらう。

☑ **08** <u>マズシイ</u>ながらも楽しい我が家だ。

☑ **09** 熱い思いを胸に<u>ヒメル</u>。

☑ **10** <u>アツカマシイ</u>お願いで恐縮する。

解答	解説
肥やす	肥やす：価値を判断する力を高める。栄養分などを与えて土地の状態をよくする。**音読** ヒ
退けた	退ける：後ろへ下がらせる。撃退する。❌ 退ぞけた **出例** 退く
済ます	済ます：物事を成しとげる。一応の決着をつける。
冷ました	冷ます：熱いものの熱を下げる。高ぶった感情をおさえる。❌ 覚ました **出例** 冷やかす
易しい	易しい：簡単である。たやすい。❌ 優しい
任せる	任せる：仕事などを他の人にゆだね、代行してもらう。相手のするがままにさせておく。**音読** ニン
預かって	預かる：物品や人の身柄を引き受けて、保管や世話をする。物事の管理や運営を任される。**音読** ヨ **出例** 預ける
貧しい	貧しい：金銭がとぼしく、生活が苦しい。**音読** ヒン⊕・ビン
秘める	秘める：隠して人に知られないようにする。内に持っている。
厚かましい	厚かましい：遠慮がなく、ずうずうしいこと。慎みがないこと。

読み / 同音・同訓異字 / 漢字識別 / 熟語の構成 / 部首 / 対義語・類義語 / 漢字と送りがな / 四字熟語 / 誤字訂正 / 書き取り

漢字と送りがな②

次の＿＿線の**カタカナ**を**漢字一字**と**送りがな**（ひらがな）に直せ。　質問に**コタエル**。 答える

☑ **01** 貧血で気を**ウシナッテ**倒れた。

☑ **02** **ココロヨイ**風が吹いている。

☑ **03** 池のコイがえさに**ムラガッタ**。

☑ **04** 身近で多くの**ワザワイ**が起こる。

☑ **05** 手をついてひたすら**アヤマル**。

☑ **06** 上司の指示に**シタガッテ**動く。

☑ **07** 相手を**セメル**前に自らを省みる。

☑ **08** 何があったのか**マッタク**知らない。

☑ **09** 心**ヤスラカナ**日々を送る。

☑ **10** 各国の女性たちが美を**キソウ**。

読み

同音・同訓異字

漢字識別

熟語の構成

部首

対義語・類義語

漢字と送りがな

四字熟語

誤字訂正

書き取り

解 答	解 説
失って	失う：今まで持っていたものや気持ちなどをなくす。 ✕ 失なって
快い	快い：気持ちがよい。感じがよい。 ✕ 快よい
群がった	群がる：多くの人や動物が一か所に集まる。むれをなす。 ✕ 郡った
災い	災い：病気や天変地異など、人に不幸をもたらす出来事。
謝る	謝る：過失や罪を認めて許しを求める。わびる。 ✕ 謝まる
従って	従う：他人の言うことを聞き入れる。後についていく。他からの力に逆らわない。 ✕ 従がって
責める	責める：相手の過失などを非難する。苦しめる。 ✕ 攻める
全く	全く：すべて。じつに。
安らかな	安らか：おだやかで平安なさま。心配事がなく、気楽なさま。
競う	競う：互いに負けまいとして張り合う。勝ち負けを争う。

183

漢字と送りがな③

次の＿＿線の**カタカナ**を**漢字一字**と**送りがな（ひらがな）**に直せ。　質問に<u>コタエル</u>。 答える

☑ **01** 子どもたちが部屋を<u>**チラカシタ**</u>。

☑ **02** 地中から<u>**キヨラカナ**</u>水がわき出す。

☑ **03** からかわれてほおが赤く<u>**ソマッタ**</u>。

☑ **04** 内職で生活費を<u>**オギナウ**</u>。

☑ **05** 一座を<u>**ヒキイテ**</u>巡業する。

☑ **06** 天気予報は<u>**ハズレル**</u>こともある。

☑ **07** 検算して答えを<u>**タシカメタ**</u>。

☑ **08** 試合に<u>**カカス**</u>ことのできない選手だ。

☑ **09** 家庭から出るごみを<u>**ヘラス**</u>。

☑ **10** 慣れ親しんだ地に別れを<u>**ツゲタ**</u>。

合格点
7/10

1回目
月　日　/10

2回目
月　日　/10

頻出度
B

解　答	解　説
散らかした	散らかす：物をあたり一面に乱雑に置く。整理されていない状態にする。 ✗ 散かした　出例 散らかる
清らかな	清らか：けがれがないさま。きよく美しいさま。 音読 セイ・ショウ⑧
染まった	染まる：その色になる。色がしみこむ。影響を受ける。 音読 セン⊕　出例 染める
補う	補う：足りないところを満たす。損害などを埋め合わせる。 ✗ 補なう
率いて	率いる：従えていく。引き連れていく。統率する。 音読 ソツ⊕・リツ
外れる	外れる：間違う。はまっていたり、ついていたりした物が、そこから抜け出る。それる。集団から離れる。
確かめた	確かめる：調べたり念を押したりして間違いがないかどうかかくにんする。 ✗ 確めた
欠かす	欠かす：なしで済ませる。
減らす	減らす：数や量、程度を少なくする。 音読 ゲン
告げた	告げる：言葉で伝え知らせる。多くの人々に知らせる。 音読 コク

読み
同音・同訓異字
漢字識別
熟語の構成
部首
対義語・類義語
漢字と送りがな
四字熟語
誤字訂正
書き取り

185

四字熟語①

文中の**四字熟語**の＿＿線の**カタカナ**を**漢字二字**に直せ。

☑ **01** 優柔<u>フダン</u>なのが玉にきずだ。

☑ **02** 悪事を働き<u>ギシン</u>暗鬼におちいる。

☑ **03** 本命不在の今こそ<u>コウキ</u>到来だ。

☑ **04** <u>ビジ</u>麗句にはごまかされない。

☑ **05** 油断<u>タイテキ</u>と気を引き締める。

☑ **06** 空前<u>ゼツゴ</u>の大事件が起こった。

☑ **07** 職場での<u>コウシ</u>混同はやめる。

☑ **08** 一心に刻苦<u>ベンレイ</u>して成功する。

☑ **09** 隣人はまさに**神出**<u>キボツ</u>だ。

☑ **10** 後輩の言い訳は**笑止**<u>センバン</u>だ。

合格点	1回目	2回目
7/10	月 日 /**10**	月 日 /**10**

解 答　　解 説

優柔不断
ぐずぐずとして、いつまでも物事を決だんできないこと。✕ 普段　出例 「優柔」も問われる
類義語 意志薄弱　対義語 即断即決／勇猛果敢

疑心暗鬼
うたがうこころが強くなると、なんでもないことに恐怖や不安を感じるようになること。✕ 義心　出例 「暗鬼」も問われる　豆「疑心、暗鬼を生ず」の略

好機到来
物事をするのにちょうどよい機会がくること。✕ 好季　出例 「到来」も問われる
類義語 時節到来

美辞麗句
うわべだけをうつくしく飾り立てた、内容のない言葉。
✕ 美事

油断大敵
油断は失敗の原因になることが多いので、警戒するようにと戒める言葉。
出例 「油断」も問われる

空前絶後
これまでに例がなく、将来にもありえないようなこと。非常に珍しいこと。
出例 「空前」も問われる

公私混同
仕事などに私的なことを持ち込み、けじめをつけないこと。
出例 「混同」も問われる

刻苦勉励
非常に苦労して、仕事や勉学などにはげむこと。
出例 「刻苦」も問われる

神出鬼没
おにや神のように自由に出没する意から、自由自在に行動し、居所などの予測ができないこと。出例 「神出」も問われる

笑止千万
非常におかしくて、ばかばかしいこと。
出例 「笑止」も問われる

文中の**四字熟語**の＿＿線の**カタカナ**を**漢字二字**に直せ。

☑ **01** **キュウテン**直下の朗報に驚く。

☑ **02** 合格通知を見て**ハガン**一笑する。

☑ **03** 円転**カツダツ**に事を進める。

☑ **04** **ソウイ**工夫することが大切だ。

☑ **05** 兄は**大器**バンセイだと信じている。

☑ **06** **デンコウ**石火の早業だった。

☑ **07** 時の権力者が**不老**チョウジュを願う。

☑ **08** **ヘイオン**無事に生きていきたい。

☑ **09** 弟は**メイロウ**快活な性格だ。

☑ **10** **立身**シュッセのみに心をくだく。

解 答	解 説
急転直下 きゅうてんちょっか	事態がきゅうに変わって、すみやかに解決すること。 ✗ 急天　出例「直下」も問われる
破顔一笑 はがんいっしょう	かおをほころばせて、にっこり笑うこと。 出例「一笑」も問われる
円転滑脱 えんてんかつだつ	物事がとどこおらずに、うまく運ぶこと。 出例「円転」も問われる
創意工夫 そういくふう	「創意」は新しい思いつき、「工夫」は手段。独そう的な方策を編み出すこと。 ✗ 総意　出例「工夫」も問われる
大器晩成 たいきばんせい	大きな器はできあがるのに時間がかかることから、大人物となる人はふつうより遅れて大成するということ。出例「大器」も問われる
電光石火 でんこうせっか	きわめて短い時間。動きが非常に速いことのたとえ。
不老長寿 ふろうちょうじゅ	いつまでも年をとらず、なが生きすること。 出例「不老」も問われる 類義語 不老不死
平穏無事 へいおんぶじ	何事もなく、おだやかであること。 出例「無事」も問われる 対義語 多事多難／物議騒然
明朗快活 めいろうかいかつ	あかるく元気で、ほがらかであるさま。 出例「快活」も問われる
立身出世 りっしんしゅっせ	社会的な地位を確立して名をあげること。 出例「立身」も問われる

読み　同音・同訓異字　漢字識別　熟語の構成　部首　対義語・類義語　漢字と送りがな　**四字熟語**　誤字訂正　書き取り

189

文中の**四字熟語**の＿＿線の**カタカナ**を**漢字二字**に直せ。

☑ **01** 友人の言葉に**一喜イチユウ**する。

☑ **02** 大統領の**ロヘン**談話を聞く。

☑ **03** ようやく**一件ラクチャク**した。

☑ **04** さらなる**フンレイ努力**が必要だ。

☑ **05** **ヘンゲン自在**のマジックに驚く。

☑ **06** 質の下がる改革は**ホンマツ転倒**だ。

☑ **07** **古今ムソウ**の剣豪と言われる。

☑ **08** **行雲リュウスイ**の自由の身となる。

☑ **09** 受験に失敗し、**自暴ジキ**になる。

☑ **10** **キキ一髪**のところで助かった。

解答	解説

一喜一憂
いっきいちゆう

状況の変化に応じて、そのつど喜んだり心配したりすること。
出例 「一喜」も問われる

炉辺談話
ろへんだんわ

いろりのそばで、くつろいで行うよもやま話。
出例 「談話」も問われる

一件落着
いっけんらくちゃく

物事が解決すること。
出例 「一件」も問われる

奮励努力
ふんれいどりょく

気持ちをふるい立たせて、一心につとめること。
出例 「努力」も問われる

変幻自在
へんげんじざい

突然現れては急に消え、思うままに変化すること。出例 「自在」も問われる
類義語 千変万化／臨機応変

本末転倒
ほんまつてんとう

物事の大事なこととそうでないことを取り違えること。
類義語 主客転倒

古今無双
ここんむそう

昔から今に至るまで、他に比するものがないこと。「無双」は他に比べるものがないほど優れているの意。出例 「古今」も問われる

行雲流水
こううんりゅうすい

物事にとらわれず自然のままに身をゆだねて生きること。空を行く雲とながれ行く水。
出例 「行雲」も問われる

自暴自棄
じぼうじき

物事がうまくいかず、すてばちになって自分の身を粗末に扱うこと。出例 「自暴」も問われる　豆「自棄自暴」ともいう

危機一髪
ききいっぱつ

髪の毛一本ほどの差で危険が迫っている瀬戸際。
出例 「一髪」も問われる

誤字訂正①

次の各文にまちがって使われている**同じ読みの漢字**が**一字**ある。**誤字**と**正しい漢字**を答えよ。

☑ **01** 近年の利用客の増加を受けて飛行場の敷地を拡調し、滑走路を増やす計画だ。

☑ **02** 共働き世帯では女性の家事付担が大きいことから、男性の家事参加が増えてきている。

☑ **03** 豆腐を固める凝固剤であるにがりは海水を主原料とする食品添化物だ。

☑ **04** 営業部から商品企格部への異動願いを出し続けているが、希望が通らない。

☑ **05** 四番打者の調子は低調だったが、試合当日は底力を発期して味方を勝利に導いた。

☑ **06** 人気作詞家が新人歌手に歌詞を定供したところ空前の大ヒットとなった。

☑ **07** 新しく動入されたパソコンを使用して英字新聞の記事を翻訳する課題が出た。

☑ **08** 家族として動物に愛情を注ぐ人が多くいる一方、残忍な動物虐対も後を絶たない。

☑ **09** 海外へ期限付きで委籍したが、プレースタイルが合わず一年で国内リーグに復帰した。

☑ **10** 被災地には国内だけでなく各国の赤十字社を通じて多額の基付金が寄せられた。

読　み

同音・同訓異字

漢字識別

熟語の構成

部　首

対義語・類義語

漢字と送りがな

四字熟語

誤字訂正

書き取り

解　答	解　説
調 ➡ 張	拡張：範囲や規模などを今よりも大きく広げること。
付 ➡ 負	負担：重すぎる責任や仕事。
化 ➡ 加	添加物：あとから加える別の物。
格 ➡ 画	企画：プランを立てること。また、そのプラン。
期 ➡ 揮	発揮：持っている実力や特性などを十分に働かせること。
定 ➡ 提	提供：自分が持っているものを他者に渡すこと。企業がテレビ番組などのスポンサーとなること。
動 ➡ 導	導入：外からみちびきいれること。取りいれて役に立てること。
対 ➡ 待	虐待：むごい扱いをすること。
委 ➡ 移	移籍：他の戸籍に移ること。他へ所属を移すこと。
基 ➡ 寄	寄付：公共事業機関や寺社などに金銭や品物を贈ること。

誤字訂正②

次の各文にまちがって使われている**同じ読みの漢字**が**一字**ある。**誤字**と**正しい漢字**を答えよ。

☑ **01** 古都の係観を保護するために条例を制定し、様々な取り組みを進めている。

☑ **02** 堤傍の平らになった頂部には人や車が通行可能な河川管理用通路が設けられている。

☑ **03** 祖父の偉産の大部分は美術品だったため、税金対策で市の美術館に寄付した。

☑ **04** 調理法によるカロリーの違いと栄養成分を功率よく摂取する食べ方を紹介する。

☑ **05** 防犯以外にも災害時の環境判断ツールとして監仕カメラが活躍している。

☑ **06** ゲームの世界でもいやしを目的とした動物の仕育を擬似体験できるものがある。

☑ **07** 大勢のけが人が出た事故現場で、救急隊員が次々に適切な応急所置を施す。

☑ **08** 生物の生態を知り、安定した容殖の技術を獲得するまでには時間がかかる。

☑ **09** 実務で適用されているルールを明文化するため民法の一部を回正する法律が成立した。

☑ **10** 画期的な新薬として期待のかかる製品の開発費は、当初の予算を大幅に超価した。

合格点
7/10

1回目
月 日 /10

2回目
月 日 /10

頻出度 B

解 答	解 説
係 → 景	景観：すばらしい風景やながめのこと。
傍 → 防	堤防：河川や海水の浸入などをふせぐために、土砂やコンクリートで盛り上げた構築物。
偉 → 遺	遺産：死後に残した財産。前代の人が残した業績。
功 → 効	効率：仕事のはかどり具合。
仕 → 視	監視：警戒して見張ること、また見張る人。
仕 → 飼	飼育：動物などを飼うこと。飼い育てること。
所 → 処	処置：その場に適した行動を行い始末をつけること。
容 → 養	養殖：生物を人工的に飼育し、繁殖させること。
回 → 改	改正：規則や法令などをあらためてただすこと。
価 → 過	超過：一定の限度をこえること。ある数量より多いこと。

次の___線の**カタカナ**を**漢字**に直せ。

☑ **01** 周りを完全に**ホウイ**された。

☑ **02** **ネンリョウ**の価格が上がった。

☑ **03** 生徒の説明を聞いて**ナットク**した。

☑ **04** **ジュンシン**で清らかな少女の絵だ。

☑ **05** 組織内の問題を**テイキ**する。

☑ **06** **ガリュウ**で書いた書が評価される。

☑ **07** そろそろ結婚の**シオドキ**だ。

☑ **08** 二十年の歳月を**ヘて**再会する。

☑ **09** 犯罪者が**サバ**かれる。

☑ **10** お供を**シタガ**えて旅をする。

合格点
7/10

1回目
月 日 /**10**

2回目
月 日 /**10**

頻出度
B

解 答	解 説

読み

同音・同訓異字

漢字識別

熟語の構成

部首

対義語・類義語

漢字と送りがな

四字熟語

誤字訂正

書き取り

包囲 <small>ほう い</small>

包囲：周りを取りかこむこと。

燃料 <small>ねんりょう</small>

燃料：石炭や石油、ガソリンなど、焼やして熱や光、動力などを得る元になるもの。
出例 不燃

納得 <small>なっとく</small>

納得：人の言動を理解し、なるほどと認めること。
豆 「納」は5級配当漢字だが、「ナッ」は中学校で学習する読み **出例** 出納／納める

純真 <small>じゅんしん</small>

純真：心にけがれのないこと。邪念や私欲がなく清らかなこと。
出例 単純

提起 <small>てい き</small>

提起：問題や話題として出すこと。
出例 提唱／手提げ

我流 <small>が りゅう</small>

我流：正当な流儀にのっとっていない自分勝手なやり方。自己流。**豆** 「我」は5級配当漢字だが、「ガ」は中学校で学習する読み **出例** 我が／我先

潮時 <small>しおどき</small>

潮時：物事をするのにちょうどよいとき。しおが満ちたり引いたりするとき。
出例 潮風／潮干／風潮

経て <small>へ</small>

経る：月日や時間が過ぎる。その場所を通過する。ある過程を通る。
出例 経由

裁かれる <small>さば</small>

裁く：善悪・理非を明らかにする。
出例 体裁／裁量

従えて <small>したが</small>

従える：引き連れていく。服じゅうさせる。
出例 従う／従属

次の＿＿線の**カタカナ**を**漢字**に直せ。

☑ **01** 野菜や<u>コクルイ</u>の摂取が不足する。

☑ **02** <u>ネンガン</u>の一戸建てを購入した。

☑ **03** 世界で最もすぐれた<u>ズノウ</u>集団だ。

☑ **04** 道路の<u>カクチョウ</u>工事を行う。

☑ **05** 中央線の<u>エンセン</u>に住んでいる。

☑ **06** <u>ゴウカ</u>な衣装で舞台に立つ。

☑ **07** ようやく新しい職場に<u>ナ</u>れてきた。

☑ **08** 正しい食生活は健康の<u>ミナモト</u>だ。

☑ **09** それぞれの皿におかずを<u>モ</u>る。

☑ **10** 波乱に満ちた<u>オ</u>い立ちをつづる。

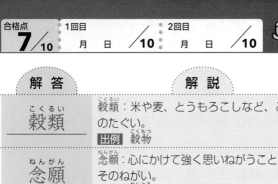

解 答	解 説

こくるい
穀類

穀類：米や麦、とうもろこしなど、こく物のたぐい。
出例 穀物

ねんがん
念願

念願：心にかけて強く思いねがうこと。また、そのねがい。
出例 念頭

ずのう
頭脳

頭脳：のう。あたま。知力。判断力。思考力。ある集団で中心的な働きをする人。
出例 首脳

かくちょう
拡張

拡張：範囲や勢力などを広げて大きくすること。
出例 拡散／拡声

えんせん
沿線

沿線：鉄道のせん路やバスの路せん、幹せん道路などにそった土地。
出例 沿革／沿う

ごうか
豪華

豪華：はなやかで派手なこと。
出例 繁華街

な
慣れて

慣れる：長くその状態に置かれたり、たびたび経験したりして、通常のことになる。また、そのことに習熟する。**出例** 慣らす／場慣れ／慣習／慣例

みなもと
源

源：物事の起こるはじめ。川の水などの流れ出るところ。
出例 資源

も
盛る

盛る：器に物を入れて満たす。高く積み上げる。
出例 目盛り／盛会／盛大

お
生い

生い立ち：うまれてから成長するまでの過程のこと。**豆** 「生」は10級配当漢字だが、「お（う）、き」は中学校で学習する読み

書き取り③

次の＿＿線の**カタカナ**を**漢字**に直せ。

☑ **01** <u>カクジツ</u>に合格する点を取れた。

☑ **02** 敵に<u>ユウカン</u>に立ち向かう。

☑ **03** 製造方法は<u>キギョウ</u>秘密です。

☑ **04** ベニバナは<u>センリョウ</u>作物だ。

☑ **05** マラソン競技で途中<u>キケン</u>した。

☑ **06** <u>キク</u>の花言葉は「高貴」だ。

☑ **07** 一人新たな<u>タビジ</u>についた。

☑ **08** <u>アツデ</u>の服を着て寒さに備える。

☑ **09** 妻が夫の<u>カタキ</u>を討つ。

☑ **10** 兄は会社を<u>ヤ</u>めたがっている。

解答 / 解説

確実 (かくじつ)
確実：間違いがなく確かなこと。
出例 確証／確固

勇敢 (ゆうかん)
勇敢：いさましく、危険を恐れないこと。
出例 果敢

企業 (きぎょう)
企業：生産や営利を目的として仕事を行う組織体のこと。
出例 企てる

染料 (せんりょう)
染料：繊維や紙などに色をつけるのに用いる物質。
出例 伝染／感染／染める

棄権 (きけん)
棄権：権利をすてて使わないこと。
出例 投棄／放棄

菊 (きく)
菊：キク科キク族の植物。
出例 野菊

旅路 (たびじ)
旅路：りょ行の道筋。たびの途中。

厚手 (あつで)
厚手：紙や布、陶器などの、地のあついこと。
出例 厚い

敵 (かたき)
敵：うらみをいだいている相手。勝負や争いの相手。競争相手。てき。**豆**「敵」は6級配当漢字だが、「かたき」は中学校で学習する読み **出例** 天敵

辞めた (やめた)
辞める：就いていた職や地位などから離れる。

読み / 同音・同訓異字 / 漢字識別 / 熟語の構成 / 部首 / 対義語・類義語 / 漢字と送りがな / 四字熟語 / 誤字訂正 / 書き取り

201

次の＿＿線の**カタカナ**を**漢字**に直せ。

☑ **01** 全てを失い**クウキョ**な生活を送る。

☑ **02** **コウミョウ**な手口で高齢者をだます。

☑ **03** 緊張して全身が**コウチョク**している。

☑ **04** 登山に方位**ジシャク**は欠かせない。

☑ **05** 就職のため**トクシュ**技能を身につける。

☑ **06** **ジュンスイ**な目で見つめられる。

☑ **07** うちの**ヨメ**は料理が上手だ。

☑ **08** ネギを三本ずつ**タバ**ねる。

☑ **09** 畑のわきに**クワ**が生えている。

☑ **10** 塩分を**ヒカ**えるようにしている。

解 答	解 説
空虚 くうきょ	空虚：物の内部や心の中になにもなく、むなしいこと。 出例 虚弱
巧妙 こうみょう	巧妙：非常にすぐれていてたくみなこと。 出例 巧み／悪巧み
硬直 こうちょく	硬直：身体や考え方などが、かたくこわばること。 出例 硬貨
磁石 じしゃく	磁石：鉄を引きつける性質を持つ物体。「方位磁石」は方位を測る器具。
特殊 とくしゅ	特殊：ふつうと異なること。
純粋 じゅんすい	純粋：混じりけがないこと。 出例 抜粋
嫁 よめ	嫁：息子の妻。 出例 花嫁
束ねる たば	束ねる：一つにまとめて、くくる。 出例 束
桑 くわ	桑：クワ科クワ属の植物。 出例 桑畑
控える ひか	控える：少なめにする。用意を調えて待機する。目立たずにそばにいる。空間的に、または時間的に近いこと。

（縦書き側注：読 み／同音・同訓異字／漢字識別／熟語の構成／部 首／対義語・類義語／漢字と送りがな／四字熟語／誤字訂正／書き取り）

次の___線の**カタカナ**を**漢字**に直せ。

☐ **01** 姉の**ダイタン**な発想に驚く。

☐ **02** バラの花から精油を**チュウシュツ**する。

☐ **03** **ハイキ**ガスで汚染されている。

☐ **04** 演劇サークルに**カンユウ**される。

☐ **05** 昨夜は**フキツ**な夢を見た。

☐ **06** **キツエン**できる場所が減った。

☐ **07** **イノチヅナ**を付けて斜面を降りる。

☐ **08** **ワギ**りのレモンを紅茶に浮かべる。

☐ **09** 夕食の時間に合わせてごはんを**タ**く。

☐ **10** 池に厚い氷が**ハ**った。

合格点	1回目	2回目
7/10	月 日 /10	月 日 /10

解 答	解 説
だいたん **大胆**	大胆：度胸があること。思い切りのよいこと。 ずうずうしいこと。 出例 落胆
ちゅうしゅつ **抽出**	抽出：固体や液体に溶媒を加え、ある物質を溶媒に溶かして取りだすこと。多くの物の中から抜きだすこと。　出例 抽象
はいき **排気**	排気：容器や建物の内部の気体を外へ除き去ること。 出例 排除
かんゆう **勧誘**	勧誘：すすめてさそうこと。 出例 誘発／誘惑／誘う
ふきつ **不吉**	不吉：縁起が悪いこと。不運に見舞われる兆しがあること。 出例 吉報
きつえん **喫煙**	喫煙：タバコを吸うこと。 出例 喫茶／満喫
いのちづな **命綱**	命綱：高所や海中など危険な場所で作業をするとき、体に巻きつけておくつな。 出例 綱／綱引き
わぎ **輪切り**	輪切り：円筒形の物や丸い物を、切り口の断面が「わ」になるように切ること。 出例 指輪
た **炊く**	炊く：米などを煮て食べやすくすること。 出例 煮炊き／炊飯／炊事
は **張った**	張る：一面におおう。伸び広がる。ふくらんではちきれそうになる。糸状のものをたるみなく引く。出例 角張る

読 み

同音・同訓異字

漢字識別

熟語の構成

部 首

対義語・類義語

漢字と送りがな

四字熟語

誤字訂正

書き取り

205

次の___線の**カタカナ**を**漢字**に直せ。

☑ **01** オリンピックを**カイサイ**する。

☑ **02** 以前より**カクダン**によくなった。

☑ **03** **カクウ**の話を真に受ける。

☑ **04** 事故車が突然**エンジョウ**した。

☑ **05** 美術館に**オウカン**が展示されている。

☑ **06** **ネンド**で小さなペンギンを作る。

☑ **07** **ケワ**しい表情で質問に答える。

☑ **08** ヨットの**ホ**が白く輝く。

☑ **09** きゅうりの**ナエ**を庭に植える。

☑ **10** 「ずるい」が妹の**クチグセ**だ。

解　答	解　説
かいさい **開催**	開催：会や行事、もよおし物をひらくこと。 出例 主催／催す
かくだん **格段**	格段：程度の差がはなはだしいこと。
か　くう **架空**	架空：想像で作りあげること。空中にかけわたすこと。根拠のないこと。
えんじょう **炎上**	炎上：火が燃えあがること。とくに神社や仏閣、城などの大きな建造物が火事で焼けること。出例 肺炎／炎
おうかん **王冠**	王冠：王位を表すかんむり。また、栄誉のしるしとなるかんむり。 出例 栄冠／冠
ねんど **粘土**	粘土：水分を加えるとねばりけを持つ土。 出例 粘着／粘る
けわ **険しい**	険しい：言葉や表情などがとげとげしい。山などの傾斜が急で、登るのが困難だ。困難な事態が予想される。
ほ **帆**	帆：風の力を使って船を動かすための薄い布などでできたもののこと。
なえ **苗**	苗：種から芽を出した状態の植物のこと。 出例 苗木
くちぐせ **口癖**	口癖：癖のようによく言うこと。また、その言葉。 出例 難癖／癖／潔癖

読み

同音同訓異字

漢字識別

熟語の構成

部首

対義語・類義語

漢字と送りがな

四字熟語

誤字訂正

書き取り

書き取り⑦

次の＿＿線の**カタカナ**を**漢字**に直せ。

☐ **01** 都市の**コウガイ**に家を建てる。

☐ **02** 不要なデータを**サクジョ**する。

☐ **03** 自然の**シンピ**を写真に収める。

☐ **04** 迷子の子どもを**ホゴ**する。

☐ **05** **ゲンカイ**を試されるような問題だ。

☐ **06** チームの**ナイフン**に巻き込まれた。

☐ **07** 秋が近づき稲の**ホ**が色づいてきた。

☐ **08** **マキバ**で牛が草を食べている。

☐ **09** 砂利道を通り車内で体が**ユ**れる。

☐ **10** 家が全焼して**マルハダカ**になった。

解答・解説

縦書きの側見出し（右側）：読み／同音同訓異字／漢字識別／熟語の構成／部首／対義語・類義語／漢字と送りがな／四字熟語／誤字訂正／書き取り

郊外（こうがい）
郊外：市街地の周辺の地域。
出例 近郊（きんこう）

削除（さくじょ）
削除：文章やデータなどをけずり取ること。
出例 削減（さくげん）／削る（けずる）

神秘（しんぴ）
神秘：人間には計り知れないような不思議な事。
出例 極秘（ごくひ）／秘める（ひめる）

保護（ほご）
保護：危険や困難などから守ること。かばうこと。
出例 保留（ほりゅう）／保つ（たもつ）

限界（げんかい）
限界：これ以上超えられないぎりぎりの範囲、境。かぎり。

内紛（ないふん）
内紛：内部での争い。うちわもめ。
出例 紛失（ふんしつ）／紛争（ふんそう）／紛らわしい（まぎらわしい）／紛れる（まぎれる）

穂（ほ）
穂：稲などの長い茎の先に、花・実が群がりついたもの。槍や筆などの先端。とぎれた話を続けるきっかけ。**出例** 稲穂（いなほ）／穂先（ほさき）

牧場（まきば）
牧場：牛や馬などを放し飼いにする場所。**豆**「牧」は7級配当漢字だが、「まき」は中学校で学習する読み。「牧場」は「ぼくじょう」とも読む

揺れる（ゆれる）
揺れる：安定せず、上下・前後・左右などに動くこと。
出例 揺する（ゆする）／揺らぐ（ゆらぐ）／動揺（どうよう）

丸裸（まるはだか）
丸裸：体に何もつけていない状態。すっぱだか。無一物。
出例 裸（はだか）

次の___線の**カタカナ**を**漢字**に直せ。

☑ **01** 食品メーカーに**シュウショク**した。

☑ **02** 駅は**キセイ**する人で混雑した。

☑ **03** 社員の不正行為が**ハッカク**した。

☑ **04** 欧州リーグが**カイマク**した。

☑ **05** 父のために盛大な**ソウシキ**を出す。

☑ **06** 先生の考えに**キョウメイ**する。

☑ **07** 会社の開発部で研究に**ハゲ**む。

☑ **08** 箱を**タテ**に積み重ねていく。

☑ **09** **クヤ**しいが父の言うとおりだ。

☑ **10** **ユウヤ**けで空が赤く染まる。

合格点	1回目	2回目
7/10	月 日 /10	月 日 /10

解 答

解 説

就職 (しゅうしょく)
就職：仕事につくこと。仕事を得て勤めること。
出例 就任 (しゅうにん)

帰省 (きせい)
帰省：故郷にかえること。郷里にかえって父母の安否を問うこと。
出例 省く (はぶく)／省みる (かえりみる)

発覚 (はっかく)
発覚：隠していた罪などが人に知れること。
出例 目覚める (めざめる)

開幕 (かいまく)
開幕：幕が開いて、芝居などが始まること。また、物事が始まること。
出例 序幕 (じょまく)／幕切れ (まくぎれ)

葬式 (そうしき)
葬式：死者を弔う (とむらう) ための儀式のこと。

共鳴 (きょうめい)
共鳴：他人の考えや行動に心から同感すること。ある物体の振動が、他の物体に伝わること。

励む (はげむ)
励む：気持ちを奮い起こしてつとめること。力を奮い起こす。
出例 励ます (はげます)／激励 (げきれい)

縦 (たて)
縦：上下の方向や、前後の方向。またその長さ。細長いものの長い方向。またその長さ。
出例 縦長 (たてなが)／縦断 (じゅうだん)／縦覧 (じゅうらん)

悔しい (くやしい)
悔しい：自分の思う通りにことがすすまないなどして腹立たしく残念に思う気持ち。
出例 悔いる (くいる)／悔やむ (くやむ)／後悔 (こうかい)

夕焼け (ゆうやけ)
夕焼け：日没のころに、西の地平線に近い空が赤く見える現象。

書き取り⑨

次の＿＿線の**カタカナ**を**漢字**に直せ。

☑ **01** 広場にテントを**カセツ**する。

☑ **02** **ジヒ**の心を持ちたい。

☑ **03** 一定の**スイジュン**に達していない。

☑ **04** 黒潮は**ダンリュウ**の一つである。

☑ **05** 江戸（えど）時代にはききんで**ガシ**者が多数出た。

☑ **06** 応募した小説が**カサク**に選ばれた。

☑ **07** 父は**ウタガ**い深い性格だ。

☑ **08** 毎日髪の毛を**アラ**っている。

☑ **09** やる気が起こらず勉強を**ナマ**ける。

☑ **10** **ユエ**あって郷里にもどっています。

解 答	解 説

仮設（か せつ）

仮設：一時的に設置すること。
出例 仮説／仮病

慈悲（じ ひ）

慈悲：情けや哀れみのこと。
出例 慈善

水準（すいじゅん）

水準：物事の価値や性能などについての一定のレベル。

暖流（だんりゅう）

暖流：熱帯か亜熱帯の海域から発し、高緯度へ向けてながれる海水のながれ。まわりの海水よりも温度が高い。**出例** 温暖化

餓死（が し）

餓死：うえてしぬこと。

佳作（か さく）

佳作：出来のよい作品のこと。

疑い（うたが）

疑う：事実と異なるのではないかと思うこと。
「疑い深い」は他人を信用できず、うたがう気持ちが強いこと。**出例** 質疑／疑念

洗って（あら）

洗う：水などですすいで汚れを落とす。
出例 丸洗い／洗顔

怠ける（なま）

怠ける：労力を惜しんですべきことを行わないこと。
出例 怠る

故（ゆえ）

故：理由。わけ。原因。由緒。
（豆）「故」は6級配当漢字だが、「ゆえ」は中学校で学習する読み **出例** 故意

213

次の___線の**カタカナ**を**漢字**に直せ。

☑ **01** **ボウメイ**を希望する人を受け入れる。

☑ **02** 在外**ホウジン**の安全を確保する。

☑ **03** 事の**シダイ**を詳しく説明する。

☑ **04** 昨日のことは**コウフン**して覚えていない。

☑ **05** **タンジョウ**祝いに自転車をもらう。

☑ **06** 確定**シンコク**の時期になった。

☑ **07** 昼は簡単にそばで**ス**ます。

☑ **08** 湖の**キシベ**に花が咲き乱れている。

☑ **09** 消費者のために窓口を**モウ**ける。

☑ **10** 修学旅行で生徒を**ヒキ**いる。

解答	解説

亡命
ぼうめい

亡命：自国で迫害を受けたり、迫害を受ける危険性がある場合に、外国へ逃れること。
出例　興亡

邦人
ほうじん

邦人：自国の国民のこと。主に他国に在住する自国民のことを指す。
出例　連邦

次第
しだい

次第：順序。経過。なりゆき。
豆「次」は8級配当漢字だが、「シ」は中学校で学習する読み

興奮
こうふん

興奮：感情が高ぶること。
出例　奮う

誕生
たんじょう

誕生：人がうまれること。
出例　生誕

申告
しんこく

申告：立場の上の者などにもうし出ること。
出例　予告／告げる

済ます
すます

済ます：物事を成しとげる。一応の決着をつける。
出例　済む／決済

岸辺
きしべ

岸辺：きしに沿ったところ。陸と水が接するあたり。

設ける
もうける

設ける：ある事にそなえて用意する。建物や組織などをこしらえる。せっ置する。
出例　設備

率いる
ひきいる

率いる：従えていく。引き連れていく。統率する。
出例　引率

読み

同音・同訓異字

漢字識別

熟語の構成

部首

対義語・類義語

漢字と送りがな

四字熟語

誤字訂正

書き取り

次の___線の**カタカナ**を**漢字**に直せ。

☑ **01** 安いが**ソアク**な品ばかり出回る。

☑ **02** **ハイク**の奥深さを味わう。

☑ **03** 自宅で**タイキ**してください。

☑ **04** 表面に**ランオウ**をぬって焼く。

☑ **05** **コンザツ**する時間帯を避ける。

☑ **06** 音楽が**サイゲン**なく繰り返される。

☑ **07** 異議を**トナ**える人が多数出た。

☑ **08** 居間の壁に絵を**カ**ける。

☑ **09** 家の中で大きな犬を**カ**うことになった。

☑ **10** 結論を**ミチビ**くにはまだ早い。

合格点 7/10　1回目　月　日　/10　2回目　月　日　/10

解答	解説
粗悪(そあく)	粗悪(そあく)：出来や品質がわるいこと。 出例　粗(あら)い
俳句(はいく)	俳句(はいく)：五・七・五の十七音を定型とし、季語を含む短詩。
待機(たいき)	待機(たいき)：準備を整えて、機会の来るのをまつこと。
卵黄(らんおう)	卵黄(らんおう)：たまごの中の球形のき色の部分。 出例　産卵(さんらん)
混雑(こんざつ)	混雑(こんざつ)：多くの人や物が無秩(ちつ)序に入り乱れること。こみあうこと。 出例　混同(こんどう)／混(ま)ぜる
際限(さいげん)	際限(さいげん)：物事の状態の最後のところ。かぎり。果て。
唱(とな)える	唱(とな)える：主張する。特定の文句などを声を立てて読む。
掛(か)ける	掛(か)ける：物を高い所からぶら下げること。高い所に掲げること。
飼(か)う	飼(か)う：食べ物を与えたり世話をしたりして、動物を養うこと。 出例　羊飼(ひつじか)い／飼育(しいく)／飼料(しりょう)
導(みちび)く	導(みちび)く：道案内をする。手引きをする。しむける。

書き取り⑫

次の＿＿線の**カタカナ**を**漢字**に直せ。

☑ **01** 奇抜な建物が<u>ケイカン</u>を損ねる。

☑ **02** <u>テキセイ</u>な価格で販売する。

☑ **03** 京都までの<u>オウフク</u>乗車券を買う。

☑ **04** 心からわびて<u>セイイ</u>を見せる。

☑ **05** 預金の利子にも<u>カゼイ</u>される。

☑ **06** 事を<u>オンビン</u>に済ませる。

☑ **07** 暗やみでマッチを<u>ス</u>る。

☑ **08** ねこの<u>ヒタイ</u>のような庭だ。

☑ **09** <u>モヨ</u>り駅から徒歩五分です。

☑ **10** 大きな<u>ワザワ</u>いが降りかかる。

合格点
7/10

1回目
月 日 /10

2回目
月 日 /10

頻出度
B

解 答　　　　　　　　解 説

読み

けいかん **景観**	景観：風景。景色。とくに、すばらしいながめ。

同音・同訓異字

てきせい **適正**	てきせい 適正：条件や目的、程度などが合っていて、ただしいこと。✖ 適性　（豆）「適性」はその人のもつ性質や性格がある物事を行うのにふさわしい場合に使う

漢字識別

おうふく **往復**	おうふく 往復：行きと帰り。行ってもどること。 ✖ 応複

熟語の構成

せい い **誠意**	誠意：私欲を離れて、うそいつわりなく正直に事にあたる心。まごころ。 出例　誠実／誠

部首

か ぜい **課税**	か ぜい 課税：ぜい金を割り当てること。また、その税。✖ 加税

対義語・類義語

おんびん **穏便**	おんびん 穏便：物事の処理のしかたや態度がおだやかなこと。角を立てないこと。 出例　平穏／穏やかだ

漢字と送りがな

す **擦る**	す 擦る：物と物を触れ合わせて、力を入れて動かす。こすりあわせる。 出例　擦れる

四字熟語

ひたい **額**	ひたい 額：顔の上部の、髪の生え際からまゆの間。おでこ。（豆）「ねこの額」は、場所が狭いことのたとえ

誤字訂正

も よ **最寄り**	最寄り：もっとも近いところ。 （豆）「最寄り」は熟字訓・当て字

書き取り

わざわ **災い**	わざわ 災い：病気や天変地異など、人に不幸をもたらす出来事。

次の＿＿線の**カタカナ**を**漢字**に直せ。

☑ **01** 情報は正しく<u>デンタツ</u>したい。

☑ **02** <u>サンガク</u>救助隊に入隊する。

☑ **03** その兄弟の性格は<u>タイショウ</u>的だ。

☑ **04** <u>キソク</u>正しい生活を送る。

☑ **05** 情報が<u>ヨウイ</u>に入手できない。

☑ **06** 不幸な<u>キョウグウ</u>を嘆く。

☑ **07** パン生地に卵を<u>ヌ</u>ってつやを出す。

☑ **08** 太い木の<u>ミキ</u>にしがみつく。

☑ **09** お<u>ヒメ</u>様のようなドレスを着たい。

☑ **10** 兄の言葉には<u>ウ</u>るところが多い。

解 答	解 説

伝達
でんたつ

伝達：命令や支持、情報などをつたえ届けること。

山岳
さんがく

山岳：山のこと。

対照
たいしょう

対照：二つの物の相違点が際だつこと。他とてらし合わせて比べること。
✕ 対象　出例　照れる

規則
きそく

規則：従うべき決まりのこと。
出例　規格／規制

容易
ようい

容易：たやすいこと。やさしいこと。また、そのさま。
出例　安易

境遇
きょうぐう

境遇：その人が置かれた、家庭環境や人間関係などの状況。
出例　優遇

塗って
ぬって

塗る：物の面に主に液体状のものをすりつけること。
出例　上塗り／塗装／塗料

幹
みき

幹：樹木の、地上から生えている太い部分。
出例　幹部／根幹

姫
ひめ

姫：身分の高い人物の娘のこと。
出例　姫君

得る
うる

得る：自分の物にする。手に入れる。
豆「得」は7級配当漢字だが、「う（る）」は中学校で学習する読み

読み

同音・同訓異字

漢字識別

熟語の構成

部首

対義語・類義語

漢字と送りがな

四字熟語

誤字訂正

書き取り

書き取り⑭

次の___線の**カタカナ**を**漢字**に直せ。

☐ **01** 賃貸の<u>ケイヤク</u>を結ぶ。

☐ **02** 武装<u>カイジョ</u>の説得を試みる。

☐ **03** <u>ショウドウ</u>を抑えることができない。

☐ **04** 刑事が犯人に<u>テジョウ</u>を掛ける。

☐ **05** 発表会でチェロを<u>エンソウ</u>する。

☐ **06** 手続きのオンライン<u>シンセイ</u>が普及する。

☐ **07** 空欄を<u>ウ</u>める問題を解く。

☐ **08** 子供が<u>スコ</u>やかに育つ。

☐ **09** 長年市役所に<u>ツト</u>めている。

☐ **10** <u>カイコ</u>は桑の葉を食べて育つ。

解 答　　　　　　解 説

けいやく 契約	契約：売買や雇用、請負など、二人以上の者の合意によって成立する法律行為。約束を取り交わすこと。また、そのやく束。
かいじょ 解除	解除：禁止や制限、特別の状態をなくし、元の状態に戻すこと。法律で、一方の意思表示により契約をなかったものにすること。**出例** 除去／除く
しょうどう 衝動	衝動：外部からの刺激により心を動かすこと。無意識に、何らかの行動をしようとする心の動き。抑えにくい動作や行為への欲求。**出例** 衝突
てじょう 手錠	手錠：犯人などの手首にはめて、手の自由を奪う腕輪。自損行為や逃亡防止のために使用される。**出例** 錠前
えんそう 演奏	演奏：音楽をかなでること。楽器をかなでること。
しんせい 申請	申請：公的な機関に認可や許可などを求めること。 **出例** 要請／下請け／請ける
う 埋める	埋める：不足を補うこと。くぼみに土などを入れてふさぐこと。穴に物を入れて上から土などをかぶせて見えなくすること。**出例** 埋もれる／埋蔵
すこ 健やかに	健やかだ：体が丈夫なさま。元気なさま。
つと 勤めて	勤める：会社などに所属して働くこと。
かいこ 蚕	蚕：カイコガ科のガの幼虫。絹糸を吐き出してまゆを作る。

読み / 同音・同訓異字 / 漢字識別 / 熟語の構成 / 部首 / 対義語・類義語 / 漢字と送りがな / 四字熟語 / 誤字訂正 / 書き取り

読み①

次の＿＿線の**漢字の読み**を**ひらがな**で答えよ。

☑ **01** 特別に救済<u>措</u>置がとられた。

☑ **02** <u>老婆心</u>から後輩に忠告する。

☑ **03** 日ごろの<u>鍛錬</u>の成果が表れた。

☑ **04** 物語に登場するのは<u>架空</u>の人物だ。

☑ **05** <u>本邦</u>初公開の美術品だ。

☑ **06** 将来を<u>嘱望</u>された選手だ。

☑ **07** 朝晩三粒ずつ<u>錠剤</u>を飲んでいる。

☑ **08** <u>浅瀬</u>で貝を拾う。

☑ **09** <u>故</u>あってしばらく休学します。

☑ **10** ダンボールをひもで<u>縛</u>る。

解 答	解 説
そち	措置：うまく取りはからって始末をつけること。処置。 出例 措辞
ろうばしん	老婆心：年配の女性が、あれこれと気を遣うこと。転じて、必要以上に世話をやく気持ちを、へりくだっていう言葉。出例 老婆
たんれん	鍛錬：練習や修練を重ね、技術を習得したり心身をきたえたりすること。金属を打ってきたえること。出例 鍛練／鍛える
かくう	架空：想像で作りあげること。空中にかけわたすこと。根拠のないこと。 出例 高架／担架／架ける／架かる
ほんぽう	本邦：わが国。自分の国のこと。 出例 邦人／邦楽
しょくぼう	嘱望：人の将来にのぞみをかけること。 出例 嘱託／委嘱
じょうざい	錠剤：一定の形状に圧縮して飲みやすくした粒状の薬剤。 出例 錠
あさせ	浅瀬：川や海などの浅い場所。 出例 瀬踏み
ゆえ	故：わけ。理由。原因。 豆 「故」は6級配当漢字だが、「ゆえ」は中学校で学習する読み
しばる	縛る：ひもなどでむすんで動かないようにすること。 出例 金縛り／束縛

読み

同音・同訓異字

漢字識別

熟語の構成

部首

対義語・類義語

漢字と送りがな

四字熟語

誤字訂正

書き取り

次の＿＿線の**漢字の読み**を**ひらがな**で答えよ。

☐ **01** 多くの<u>伏線</u>が張られた小説だ。

☐ **02** <u>無謀</u>な行動を慎む。

☐ **03** <u>納得</u>がいくまで説明する。

☐ **04** 夜はゲームに<u>没頭</u>する。

☐ **05** 兄は野球チームの<u>主軸</u>だ。

☐ **06** 部屋や玄関に<u>芳香剤</u>を置く。

☐ **07** 調査<u>捕鯨</u>が行われた。

☐ **08** 母はとても性格が<u>朗</u>らかだ。

☐ **09** 月末には試験が<u>控</u>えている。

☐ **10** それは<u>賢</u>い選択だったといえる。

頻出度
C

合格点
7/10

1回目
月　日　/10

2回目
月　日　/10

解答　解説

読み
同音・同訓異字
漢字識別
熟語の構成
部首
対義語・類義語
漢字と送りがな
四字熟語
誤字訂正
書き取り

解答	解説
ふくせん	伏線：後の展開に必要なことを前もってほのめかすこと。 出例 届伏／起伏／伏せる
むぼう	無謀：結果に対して深く考えていないこと。無茶なこと。 出例 謀略／策謀
なっとく	納得：他人の考えや行動などを理解して認めること。 出例 納豆／出納
ぼっとう	没頭：他のことを忘れ、一つのことだけに熱中すること。 出例 没収／出没
しゅじく	主軸：中心の軸。物事を行うときの中心となる人や組織。シャフト。 出例 基軸／機軸
ほうこう	芳香：よい香り。
ほげい	捕鯨：くじらを捕獲すること。 出例 鯨
ほがらかだ	朗らか：心が晴れ晴れとしているさま。快活なさま。
ひかえて	控える：空間的に、または時間的に近い。用意をととのえて待機する。目立たずにそばにいる。出例 控訴
かしこい	賢い：頭の働きがよく、知能が際だっている。抜け目がない。 出例 賢明／先賢

次の___線の**漢字の読み**を**ひらがな**で答えよ。

□ **01** 他人の秘密を暴露する。

□ **02** 緑豊かな丘陵地帯が広がっている。

□ **03** 将来はプロ棋士を目指している。

□ **04** 街角で偶然友達を見つけた。

□ **05** 自らの人生哲学を語る。

□ **06** 空気が薄く、窒息しそうだ。

□ **07** 怪奇小説ばかり好んで読む。

□ **08** 人を殴るのは最低の行為だ。

□ **09** 父は乗り物に酔うことがある。

□ **10** 速やかな判断が求められる。

合格点
7/10

1回目
月　日　/10

2回目
月　日　/10

頻出度
C

読み

同音・同訓異字

漢字識別

熟語の構成

部首

対義語・類義語

漢字と送りがな

四字熟語

誤字訂正

書き取り

解答 / 解説

| ばくろ | 暴露：さらけ出すこと。とくに他人の悪事や秘密を明るみに出すこと。
出例 夜露 |

| きゅうりょう | 丘陵：小山。おか。なだらかな小山が続いているところ。 |

| きし | 棋士：碁、または将棋を職業とする人。 |

| ぐうぜん | 偶然：思いがけないことが起こるさま。
出例 偶発／偶数 |

| てつがく | 哲学：経験などから築いた人生観や世界観。世界や人間、物事の根本原理を追究する学問。出例 変哲／先哲 |

| ちっそく | 窒息：呼吸ができなくなること。
出例 窒素 |

| かいき | 怪奇：あやしくわかりにくく不思議なこと。
出例 奇怪／怪談／怪しい |

| なぐる | 殴る：こぶしなどで、相手を強く打つ。乱暴に物事をする。
出例 横殴り |

| よう | 酔う：めまいがしたり気分が悪くなったりすること。またお酒を飲んで正常な行動がとれない状態のこと。出例 心酔 |

| すみやかな | 速やかだ：進行がはやいさま。手間取らず、はやく行うさま。
出例 早速 |

次の＿＿線の**漢字の読み**を**ひらがな**で答えよ。

☑ **01** 土地を換金して資金にする。

☑ **02** たまの映画鑑賞が唯一の娯楽だ。

☑ **03** なべ料理の最後に雑炊をつくる。

☑ **04** 荒れ地を開墾する。

☑ **05** 外国製品を排斥する風潮がある。

☑ **06** 必要以上に自分を卑下する。

☑ **07** 富士山は日本一有名な霊峰だ。

☑ **08** 除夜の鐘が聞こえてくる。

☑ **09** 獣道にわなを仕掛ける。

☑ **10** 重要案件は会議に諮って決定する。

解 答	解 説
かんきん	換金：物を売って、お金に換えること。 出例 変換／換言／換える
ごらく	娯楽：余暇に行う遊びや楽しみ。心をなぐさめ、楽しませる物。また、楽しむこと。
ぞうすい	雑炊：野菜や魚介類などと飯を煮て、しょう油やみそで味をつけたもの。おじや。 出例 自炊／煮炊き／炊く
かいこん	開墾：原野や山林を切り開いて田畑にすること。
はいせき	排斥：受け入れずに退けること。 出例 排除／排煙
ひげ	卑下：自分を人より劣ったものとして、いやしめること。へり下ること。 出例 卑屈
れいほう	霊峰：神域や神が宿る場所として、神聖視されている山のこと。
かね	鐘：たたいて音を出すための金属でできたもののこと。 出例 早鐘／鐘楼
しかける	仕掛ける：相手に、こちらから働きかける。装置などを設けること。動作や作用をしはじめること。出例 掛ける
はかって	諮る：相談する。 出例 諮問

次の＿＿線の**漢字の読み**を**ひらがな**で答えよ。

□ **01** 歌手の美しい歌声に陶酔する。

□ **02** 類似の商品が出回っている。

□ **03** 感慨深げに古い写真を見る。

□ **04** 湖の水質汚染の原因を調べる。

□ **05** 動物虐待をしてはいけない。

□ **06** 太陽が容赦なく照りつける。

□ **07** 空港で身柄を拘束された。

□ **08** 友との別れが名残惜しい。

□ **09** ブドウは房の上のほうから食べる。

□ **10** 帆柱に激しい風が打ちつける。

頻出度
C

合格点
7/10

1回目
月 日 /10

2回目
月 日 /10

解 答	解 説
とうすい	陶酔：気持ちよくようこと。うっとりしてその境地に浸ること。 出例 陶器
るいじ	類似：互いににかよっていること。 豆 「似」は6級配当漢字だが、「ジ」は中学校で学習する読み
かんがい	感慨：物事に深く感じること。しみじみとした気持ちになること。 出例 慨嘆
おせん	汚染：よごれにそまること。とくに細菌や有毒成分、ごみなどでよごされること。また、よごすこと。 出例 汚濁
ぎゃくたい	虐待：むごい扱いをすること。 出例 残虐
ようしゃ	容赦：手加減すること。相手のあやまちなどを許すこと。 出例 恩赦
こうそく	拘束：犯人などを捕らえて行動の自由を奪うこと。行動や思想の自由を制限すること。
なごり	名残：ある物事が過ぎたあとに、なおその気配などが残ること。余韻。
ふさ	房：花や実などが群がって垂れているもの。糸を束ねて、垂らしたもの。果物など袋の形になってついているもの。 出例 一房／暖房／子房
ほばしら	帆柱：帆船の帆を張るための柱。マストともいう。 出例 白帆／出帆／帆走

読み
同音・同訓異字
漢字識別
熟語の構成
部首
対義語・類義語
漢字と送りがな
四字熟語
誤字訂正
書き取り

次の＿＿線の**漢字の読み**を**ひらがな**で答えよ。

☑ **01** アユの<u>稚魚</u>を川に放流した。

☑ **02** クルージングで鯨に<u>遭遇</u>した。

☑ **03** ガードマンが<u>常駐</u>している。

☑ **04** 交通規則を<u>遵守</u>する。

☑ **05** 北海道の大自然を<u>満喫</u>する。

☑ **06** 人の作品を<u>模倣</u>する。

☑ **07** 絶版となった本を<u>改訂</u>して出版する。

☑ **08** マッチを<u>擦</u>って火をつける。

☑ **09** 一年で十センチも身長が<u>伸</u>びた。

☑ **10** 切れ味の悪くなった包丁を<u>研</u>ぐ。

解 答	解 説
ちぎょ	稚魚：卵からかえって間もない魚。
そうぐう	遭遇：思いがけない場面で出会うこと。偶然、めぐり会うこと。 **出例** 遭難／遭う
じょうちゅう	常駐：つねにそこに駐在していること。 **出例** 駐輪／駐車場
じゅんしゅ	遵守：法律や規則、道徳などに従って守ること。 **出例** 遵法
まんきつ	満喫：心ゆくまで楽しむこと。十分に飲み食いすること。 **出例** 喫煙
もほう	模倣：他のものをまねること。
かいてい	改訂：書物や文書の一部に手を加えて改めなおすこと。
すって	擦る：こすりあわせる。物と物を触れ合わせて、力を入れて動かす。 **出例** 擦れる／擦過傷
のびた	伸びる：物が長くなったり広がったりする。
とぐ	研ぐ：刃物などをと石ですって鋭くする。 **豆**「研」は8級配当漢字だが、「と（ぐ）」は中学校で学習する読み

読み

同音・同訓異字

漢字識別

熟語の構成

部首

対義語・類義語

漢字と送りがな

四字熟語

誤字訂正

書き取り

235

次の＿＿線の**漢字の読み**を**ひらがな**で答えよ。

☑ **01** 熱中症への注意を喚起する。

☑ **02** 会社の信用を失墜させる。

☑ **03** 罪を赤裸々に告白する。

☑ **04** サケは産卵のため川に戻る。

☑ **05** 湖畔の小道をそぞろ歩く。

☑ **06** 首都の近郊に住んでいる。

☑ **07** 穴を掘って礎石を据える。

☑ **08** 又聞きした話で信用ならない。

☑ **09** 為替市場が間もなく開く。

☑ **10** 紙の袋にプレゼントを入れる。

頻出度

C

合格点

7/10

1回目

月　日　/10

2回目

月　日　/10

| 解答 | 解説 |

読み

同音・同訓異字

漢字識別

熟語の構成

部首

対義語・類義語

漢字と送りがな

四字熟語

誤字訂正

書き取り

| かんき | 喚起：呼び起こすこと。
出例 喚問 |

| しっつい | 失墜：名誉や信用などを失うこと。
出例 墜落 |

| せきらら | 赤裸々：丸裸を表す「赤裸」を強調する言葉。
出例 裸子／裸像／裸 |

| さんらん | 産卵：卵を産むこと。
出例 卵黄／卵白 |

| こはん | 湖畔：湖のほとり。
出例 池畔 |

| きんこう | 近郊：都市の周辺地域。
出例 郊外 |

| そせき | 礎石：建物の基礎となる石。物事の土台。 |

| またぎき | 又聞き：間接的に聞くこと。 |

| かわせ | 為替：現金の代わりに、手形や小切手などで金銭を受け渡すこと。為替手形の略称。 |

| ふくろ | 袋：布や紙などでできた、中に物を入れるもの。果実などの皮。行き止まりの場所。
出例 胃袋／寝袋 |

次の___線の**漢字の読み**を**ひらがな**で答えよ。

☑ **01** 濃紺のスーツに身を包む。

☑ **02** 多額の負債をかかえて倒産した。

☑ **03** 日本料理の神髄を学ぶ。

☑ **04** 人を超越した力を持つ。

☑ **05** 濫獲により絶滅危機の動物がいる。

☑ **06** その地震では大勢の犠牲者が出た。

☑ **07** 自動車の部品を鋳造する。

☑ **08** 高校生が料理の腕を競う。

☑ **09** 池の水が干上がった。

☑ **10** 校庭で集合写真を撮る。

頻出度

C

合格点

7/10

1回目
月　日／**10**

2回目
月　日／**10**

解　答	解　説

読み

同音・同訓異字

漢字識別

熟語の構成

部首

対義語・類義語

漢字と送りがな

四字熟語

誤字訂正

書き取り

のうこん

濃紺：こい紺色。
出例 紫紺

ふさい

負債：他から金品を借りて、返済の義務を
負うこと。また、その借りたもの。借金。
出例 債権

しんずい

神髄：本質、奥義のこと。
出例 骨髄

ちょうえつ

超越：考えられる程度をはるかにこえて
いること。
出例 超過／超える

らんかく

濫獲：鳥や魚をむやみにとること。
出例 濫読／濫伐

ぎせい

犠牲：戦争や災害で生命を失ったり負傷した
りすること。ある目的のために身命をなげう
って尽くすこと。神にささげるための生き物。

ちゅうぞう

鋳造：金属を溶かし、鋳型に流し込んで
目的の形を作ること。
✕じゅうぞう **出例** 鋳物／鋳型

きそう

競う：互いに負けまいとして張り合う。**豆**「競」
は7級配当漢字だが、「きそ(う)」は中学校で、「せ
(る)」は高等学校で学習する読み **出例** 競合

ひあがった

干上がる：完全に乾ききる。生計が立たなく
なる。**豆**「干」は5級配当漢字だが、「ひ(る)」
は中学校で学習する読み **出例** 干割れ

とる

撮る：写真を写すこと。
出例 撮影

次の＿＿線の**カタカナ**にあてはまる漢字をそれぞれの**ア～オ**から**一つ**選び、**記号**を答えよ。

□ **01** 湖ハンのレストランで食事をする。

□ **02** 趣味でハン船模型をつくっている。

□ **03** 夫人同ハンで式に出席する。

ア	伴
イ	藩
ウ	畔
エ	帆
オ	範

□ **04** 出席者のほとんどを女性がシめる。

□ **05** 本番前に気を引きシめる。

□ **06** 試合は序盤から苦戦をシいられた。

ア	強
イ	敷
ウ	占
エ	閉
オ	締

□ **07** 一定の間カクをおいて木を植える。

□ **08** 物の輪カクがぼやけて見える。

□ **09** 米の収カク量は例年の七割程度だった。

ア	穫
イ	隔
ウ	較
エ	郭
オ	獲

解 答	解 説
ウ	湖畔：湖のほとり。 **出例** 河畔／池畔
エ	帆船：ほを張り、風を利用して走る船。 **出例** 帆走
ア	同伴：連れ立って行くこと。ともなうこと。 **出例** 随伴
ウ	占める：全体のある部分を専有する。ある場所や地位などを専有する。
オ	締める：気持ちのたるみをなくす。結ぶ、引っ張るなどして、ゆるまないようにする。 **出例** 締まる
ア	強いる：相手の意志を無視して、むりにやらせる。
イ	間隔：物と物との距離。物事と物事の間の時間。 **出例** 隔絶／隔年／隔離
エ	輪郭：物の周囲を形作っている線のこと。 **出例** 城郭／外郭
ア	収穫：農作物をとりいれること。とりいれ。何かを行って得た成果。「収穫量」はとりいれた農作物の量や金額のこと。

次の＿＿線の**カタカナ**にあてはまる漢字をそれぞれの**ア〜オ**から**一つ**選び、**記号**を答えよ。

☐ **01** 相手の<u>コン</u>胆を見破る。

☐ **02** 深い悔<u>コン</u>の念にかられる。

☐ **03** 真新しい濃<u>コン</u>の制服を着る。

ア 恨
イ 婚
ウ 魂
エ 紺
オ 困

☐ **04** 選挙はわずかな差での<u>シン</u>勝だった。

☐ **05** 駅前の再開発について<u>シン</u>議する。

☐ **06** 近年勢力が大きく<u>シン</u>張した。

ア 寝
イ 審
ウ 震
エ 辛
オ 伸

☐ **07** <u>シ</u>問委員会が開かれる。

☐ **08** 本日より新法が<u>シ</u>行される。

☐ **09** 福<u>シ</u>政策に関心がある。

ア 諮
イ 旨
ウ 祉
エ 施
オ 刺

合格点
7/9
1回目
月　日　/9
2回目
月　日　/9
頻出度
C

解答	解説
ウ	魂胆：心に抱いているたくらみ。策略のこと。 出例　精魂／鎮魂／商魂
ア	悔恨：自分のしたことを後かいして残念に思うこと。 出例　遺恨／痛恨
エ	濃紺：濃いこん色のこと。 出例　紺色／紫紺
エ	辛勝：試合などで、やっとの思いで勝つこと。 出例　辛酸／辛抱／辛苦
イ	審議：物事の事情を調べ、可否を相談すること。 出例　不審／誤審／結審
オ	伸張：物や勢力などがのび広がること。また、のび広げること。 出例　伸長／屈伸／伸縮
ア	諮問：有識者や一定の機関に意見を求めること。
エ	施行：公布された法令の効力を発生させること。 出例　施政／施策／施設
ウ	福祉：公的な扶助やサービスにより、社会の構成員に等しくもたらされる安定した生活や環境。

次の___線の**カタカナ**にあてはまる漢字をそれぞれの**ア～オ**から**一つ**選び、**記号**を答えよ。

☑ **01** 全国大会の決勝戦で**セキ**敗した。

☑ **02** 投稿した小説が書**セキ**化される。

☑ **03** 少数派の意見を排**セキ**する。

ア 跡
イ 惜
ウ 籍
エ 責
オ 斥

☑ **04** 死者を**チン**魂する儀式を開く。

☑ **05** 大切な人形を**チン**列ケースに並べる。

☑ **06** 地盤**チン**下によって住宅が傾く。

ア 陳
イ 沈
ウ 鎮
エ 賃
オ 珍

☑ **07** 歴史的な建物が火事で**エン**上した。

☑ **08** 桜の木の下で祝**エン**を開いた。

☑ **09** ようやく**エン**軍が到着した。

ア 煙
イ 鉛
ウ 宴
エ 援
オ 炎

解 答	解 説
イ	惜敗：スポーツなどの試合でわずかな差で負けること。 **出例** 惜別／哀惜
ウ	書籍：本、書物、図書のこと。多くの場合、単行本を雑誌と区別して書せきという。 **出例** 移籍／在籍／戸籍
オ	排斥：受け入れられずに退けること。
ウ	鎮魂：死者のたましいをなぐさめ、しずめること。 **出例** 鎮圧／鎮痛／重鎮
ア	陳列：人に見せるために、物を並べること。 **出例** 陳謝／陳腐／陳情
イ	沈下：しずんで、下がること。 **出例** 沈痛／浮沈／沈滞
オ	炎上：火が燃え上がること。とくに神社や仏閣、城などの大きな建造物が火事で焼けること。 **出例** 炎天下／気炎／胃炎
ウ	祝宴：祝いのえん会。 **出例** 宴／宴会／酒宴
エ	援軍：救えんのための軍隊。加勢。 **出例** 後援／救援／声援

次の＿＿線の**カタカナ**にあてはまる漢字をそれぞれの**ア～オ**から**一つ**選び、**記号**を答えよ。

☐ **01** 金メダリストの現役引退を**オ**しむ。

☐ **02** 庭に草が**オ**い茂る。

☐ **03** 友人を生徒会長に**オ**す。

ア	置
イ	生
ウ	惜
エ	帯
オ	推

☐ **04** 気象**ガイ**況が放送される。

☐ **05** 感**ガイ**にひたる時間はない。

☐ **06** **ガイ**博な知識を身につける。

ア	害
イ	街
ウ	該
エ	慨
オ	概

☐ **07** かぜで一日中**フ**せる。

☐ **08** 材料全体に塩を**フ**る。

☐ **09** 利息でわずかに財産が**フ**える。

ア	伏
イ	吹
ウ	触
エ	振
オ	殖

合格点
7/9

1回目
月 日 /9

2回目
月 日 /9

頻出度
C

解 答	解 説
ウ	惜しむ：心残りに思うこと。大切に思うこと。金品などを出ししぶること。 出例 惜しい
イ	生う：草・木などが生え伸びること。
オ	推す：ある地位などにふさわしいとして、適当な人や物事をすい薦する。
オ	概況：だいたいの様子。 出例 概略／気概／概算
エ	感慨：物事に深くかんじること。しみじみとした気持ちになること。 出例 慨嘆
ウ	該博：広く物事に通じていること。学識の広いこと。 出例 当該／該当／当該
ア	伏せる：体や物などを下向きにして置くこと。病気になって寝込むこと。 出例 伏す
エ	振る：体の一部や物体を上下や左右、前後に動かす。割り当てる。相手の求めを退ける。地位や立場を捨てる。動かして方向を少しずらす。出例 振るう
オ	殖える：数や量が増すこと。 出例 殖やす

読み

同音・同訓異字

漢字識別

熟語の構成

部首

対義語・類義語

漢字と送りがな

四字熟語

誤字訂正

書き取り

漢字識別①

01〜05の三つの□に**共通する漢字**を入れて熟語を作れ。漢字は**ア〜コ**から**一つ**選び、**記号**を答えよ（**06〜10**も同様）。

☑ **01** □待・残□・暴□

ア	漏
イ	勘
ウ	没
エ	磁
オ	腸
カ	虐
キ	零
ク	漢
ケ	陶
コ	腹

☑ **02** □器・□酔・□芸

☑ **03** □細・□度・□落

☑ **04** 脱□・□水・遺□

☑ **05** □案・□当・□弁

☑ **06** □載・□揚・前□

ア	執
イ	掲
ウ	衝
エ	勤
オ	序
カ	湾
キ	炎
ク	帆
ケ	積
コ	債

☑ **07** □権・国□・負□

☑ **08** 出□・□走・□柱

☑ **09** 港□・□岸・□曲

☑ **10** □上・□天・鼻□

解 答	解 説
カ	虐待：むごい扱いをすること。 残虐：人や動物に対する行為がむごたらしいこと。 暴虐：無慈悲でむごいこと。また、そのような人。
ケ	陶器：土や粉末状の鉱物を練り、焼いて作ったもの。焼き物。 陶酔：音楽や芸術などに心を奪われ、うっとりすること。 陶芸：とう磁器を作る技芸・工芸のこと。
キ	零細：非常にわずかなこと。規模などが小さいこと。 零度：度数を計る起点となる点。 零落：おちぶれること。
ア	脱漏：あるべきものが抜け落ちること。 漏水：水がもれること。また、もれた水。 遺漏：大切なことが抜け落ちていること。
イ	勘案：いろいろなことを考え合わせること。 勘当：親子の縁を切る、主従の関係を断つこと。また、しかること。 勘弁：他人の過失や不都合などを許すこと。
イ	掲載：新聞や雑誌などに、文章・写真などを載せること。 掲揚：旗などを高い場所にかかげること。 前掲：前に記された文章。前出。
コ	債権：特定の他者に対して一定の請求ができる権利。 国債：国が発行するさい券。 負債：金銭や物品を借りて、返済の義務を負うこと。また、その借りたもの。
ク	出帆：船が港を出ること。出港のこと。 帆走：船がほを張って、風の力で走ること。 帆柱：帆船のほを張るための柱。マストともいう。
カ	港湾：船舶の発着・停泊などが行われる港とその水域。 湾岸：湾に沿った陸地部分のこと。 湾曲：弓なりに曲がること。
キ	炎上：火が燃え上がること。 炎天：強い太陽の日射しがある天気・空のこと。 鼻炎：鼻の中の粘膜のえん症のこと。

01〜05の三つの□に**共通する漢字**を入れて熟語を作れ。漢字は**ア〜コ**から**一つ**選び、**記号**を答えよ（06〜10も同様）。

☑ **01** □煙・□茶・満□

ア	酵
イ	慈
ウ	杯
エ	噴
オ	潤
カ	害
キ	喫
ク	義
ケ	悦
コ	恋

☑ **02** □素・□母・発□

☑ **03** □善・□愛・□雨

☑ **04** □滑・□沢・利□

☑ **05** □楽・喜□・満□

☑ **06** □示・□発・拝□

ア	随
イ	鶏
ウ	尿
エ	択
オ	託
カ	排
キ	折
ク	便
ケ	啓
コ	触

☑ **07** 採□・選□・□一

☑ **08** 嘱□・委□・屈□

☑ **09** □卵・闘□・養□

☑ **10** 検□・□素・糖□病

解答	解説
キ	喫煙：タバコを吸うこと。 喫茶：茶を飲むこと。 満喫：心ゆくまで楽しむこと。
ア	酵素：生体内での化学反応の触媒となる高分子化合物。 酵母：菌類。発こうし、酒や食品の製造に利用される。 発酵：微生物の動きで有機物の分解、特定物質の生成が行われる過程。
イ	慈善：貧しい人や被災者などを援助すること。 慈愛：親が子をいつくしむような深い愛情。 慈雨：日照りのときに降る恵みの雨。
オ	潤滑：湿っていて、動きのなめらかなこと。 潤沢：物資などが豊富にあること。 利潤：利益。もうけ。
ケ	悦楽：喜んで楽しむ、満足すること。 喜悦：心底、喜ぶこと。 満悦：満ち足りて喜ぶこと。
ケ	啓示：よくわかるように示すこと。 啓発：人に教え、理解を深めさせること。 拝啓：手紙の最初に書くあいさつの言葉。
エ	採択：いくつかあるものの中から選び取ること。 選択：二つ以上のものから、よいもの、目的に合ったものを選ぶこと。 択一：二つ以上のものから、一つを選ぶこと。
オ	嘱託：仕事を頼んで任せること。 委託：人に頼んで任せること。 屈託：一つのことばかり心配すること。
イ	鶏卵：にわとりのたまご。 闘鶏：にわとりを戦わせて争うこと。また、その行事。 養鶏：採卵または肉用ににわとりを飼うこと。
ウ	検尿：病気の有無などを知るために行う尿の検査。 尿素：ほ乳類の尿に含まれる窒素化合物。 糖尿病：高血糖と糖尿とが持続的にみられる病気。

読み

同音・同訓異字

漢字識別

熟語の構成

部首

対義語・類義語

漢字と送りがな

四字熟語

誤字訂正

書き取り

01〜05の三つの□に**共通する漢字**を入れて熟語を作れ。漢字は**ア〜コ**から**一つ**選び、**記号**を答えよ（**06〜10**も同様）。

☑ **01** □通・縦□・一□

☑ **02** 鐘□・□閣・□門

☑ **03** 危□・□志家・□実

☑ **04** 浮□・掲□・抑□

☑ **05** 破□・□傷・分□

ア	鬼
イ	滅
ウ	揚
エ	貫
オ	制
カ	質
キ	楼
ク	篤
ケ	裂
コ	断

☑ **06** □空・書□・□橋

☑ **07** □金・□集・応□

☑ **08** □罰・求□・極□

☑ **09** □苦・□勝・甘□

☑ **10** □華・□格・□降

ア	刑
イ	滑
ウ	端
エ	昇
オ	簡
カ	架
キ	困
ク	報
ケ	募
コ	辛

解答	解説
エ	貫通：物の中をつらぬいて通ること。反対側に抜けること。 縦貫：縦、または南北につらぬき通ること。 一貫：一つの方針や態度を、始めから終わりまでつらぬき通すこと。
キ	鐘楼：寺院などにある鐘つき堂。 楼閣：階を重ねた高層の建物。 楼門：二階建ての門で、下層に屋根がないもの。
ク	危篤：病などが非常に重く今にも死にそうなこと。 篤志家：社会奉仕や慈善事業などを熱心に支援する人。 篤実：情に厚く誠実なこと。
ウ	浮揚：浮かび上がること。浮かび上げること。 掲揚：旗などを高い場所にかかげること。 抑揚：音楽、文章などの調子の上げ下げ、強弱。
ケ	破裂：内部からの圧力などによって、勢いよくさけること。 裂傷：皮膚などがさけてできる傷。 分裂：一つのものが、いくつかに分かれること。
カ	架空：想像によって作り上げるもの。また、空中にかけ渡すこと。 書架：本を並べる棚のこと。 架橋：橋をかけること。また、その橋。
ケ	募金：寄付金などをつのって集めること。 募集：広くつのって集めること。 応募：ぼ集に応じること。
ア	刑罰：罪に対するとがめ・制裁。 求刑：検察官が被告人への刑種や量刑に意見を述べること。 極刑：最も重い刑罰。死刑。
コ	辛苦：つらい目にあって苦しむこと。 辛勝：試合などで、やっとの思いで勝つこと。 甘辛：甘さとからさのまじり合う味。
エ	昇華：固体が気体、気体が固体になること。一段上の状態になること。 昇格：格式や階級などが上がること。格上げ。 昇降：のぼることと、おりること。上がることと下がること。

読み

同音・同訓異字

漢字識別

熟語の構成

部首

対義語・類義語

漢字と送りがな

四字熟語

誤字訂正

書き取り

熟語の構成①

熟語の構成のしかたには右の□のようなものがある。次の熟語は□の**ア〜オ**のどれに当たるか、**一つ選び記号**を答えよ。

☑ **01** 摂取

☑ **02** 換言

☑ **03** 昇降

☑ **04** 未決

☑ **05** 終了

☑ **06** 廉価

☑ **07** 出没

☑ **08** 潔癖

☑ **09** 減刑

☑ **10** 未熟

ア 同じような意味の漢字を重ねたもの（例＝**善良**）

イ 反対または対応の意味を表す字を重ねたもの（例＝**細大**）

ウ 前の字が後ろの字を修飾しているもの（例＝**美談**）

エ 後ろの字が前の字の目的語・補語になっているもの（例＝**点火**）

オ 前の字が後ろの字の意味を打ち消しているもの（例＝**不当**）

解答	解説	
ア（同じ）	摂取（せっしゅ）	摂 ＝同＝ 取 どちらも「とりいれる」の意。
エ（目・補）	換言（かんげん）	換(える) ←目・補 言(葉を)
イ（反対）	昇降（しょうこう）	昇(る) ← 反 → 降(りる)
オ（打消）	未決（みけつ）	未(否定)× ←打消 決(める)
ア（同じ）	終了（しゅうりょう）	終 ＝同＝ 了 どちらも「おわる」の意。
ウ（修飾）	廉価（れんか）	廉(やすい) 修→ 価(格)
イ（反対）	出没（しゅつぼつ）	出(現れる) ← 反 → 没(見えなくなる)
ウ（修飾）	潔癖（けっぺき）	潔(きよらかな) 修→ 癖(性質)
エ（目・補）	減刑（げんけい）	減(らす) ←目・補 刑(罰を)
オ（打消）	未熟（みじゅく）	未(否定)× ←打消 熟(す)

読み／同音・同訓異字／漢字識別／熟語の構成／部首／対義語・類義語／漢字と送りがな／四字熟語／誤字訂正／書き取り

熟語の構成のしかたには右の□のようなものがある。次の熟語は□の**ア〜オ**のどれに当たるか、**一つ選び記号**を答えよ。

☑ **01** 無 為

☑ **02** 孤 独

☑ **03** 合 掌

☑ **04** 鼻 孔

☑ **05** 未 婚

☑ **06** 伸 縮

☑ **07** 鶏 舎

☑ **08** 粗 密

☑ **09** 排 斥

☑ **10** 翻 意

ア 同じような意味の漢字を重ねたもの
（例＝**善良**）

イ 反対または対応の意味を表す字を重ねたもの
（例＝**細大**）

ウ 前の字が後ろの字を修飾しているもの
（例＝**美談**）

エ 後ろの字が前の字の目的語・補語になっているもの
（例＝**点火**）

オ 前の字が後ろの字の意味を打ち消しているもの
（例＝**不当**）

解答		解説
オ（打消）	無為（む い）	無(否定)×←打消 為(す)
ア（同じ）	孤独（こ どく）	孤 =同= 独 どちらも「ひとり」の意。
エ（目・補）	合掌（がっしょう）	合(わす)←目・補 掌(を)
ウ（修飾）	鼻孔（び こう）	鼻(の) 修→ 孔(あな)
オ（打消）	未婚（み こん）	未(否定)×←打消 (結)婚
イ（反対）	伸縮（しんしゅく）	伸(びる)←反→縮(む)
ウ（修飾）	鶏舎（けいしゃ）	鶏(の) 修→ 舎(たてもの)
イ（反対）	粗密（そ みつ）	粗(い)←反→密(こまかい)
ア（同じ）	排斥（はいせき）	排 =同= 斥 どちらも「しりぞける」の意。
エ（目・補）	翻意（ほん い）	翻(ひるがえす)←目・補 意(見を)

読み 同音・同訓異字 漢字識別 熟語の構成 部首 対義語・類義語 漢字と送りがな 四字熟語 誤字訂正 書き取り

257

熟語の構成のしかたには右の□のようなものがある。次の熟語は□の**ア〜オ**のどれに当たるか、**一つ選び記号**を答えよ。

☑ **01** 滅亡

☑ **02** 出納

☑ **03** 譲位

☑ **04** 解凍

☑ **05** 去就

☑ **06** 傍聴

☑ **07** 無双

☑ **08** 硬貨

☑ **09** 未開

☑ **10** 休憩

ア 同じような意味の漢字を重ねたもの
（例＝**善良**）

イ 反対または対応の意味を表す字を重ねたもの
（例＝**細大**）

ウ 前の字が後ろの字を修飾しているもの
（例＝**美談**）

エ 後ろの字が前の字の目的語・補語になっているもの
（例＝**点火**）

オ 前の字が後ろの字の意味を打ち消しているもの
（例＝**不当**）

解答 / 解説

ア（同じ）	滅亡 めつぼう	滅 **＝同＝** 亡 どちらも「ほろびる」の意。
イ（反対）	出納 すいとう	出(す) ← **反** → 納(める)
エ（目・補）	譲位 じょうい	譲(る) ← **目・補** 位(を)
エ（目・補）	解凍 かいとう	解(かす) ← **目・補** 凍(っているものを)
イ（反対）	去就 きょしゅう	去(る) ← **反** → 就(つきしたがう)
ウ（修飾）	傍聴 ぼうちょう	傍(そばで) **修** → 聴(く)
オ（打消）	無双 むそう	無(否定)× ← **打消** 双(ふたつ)
ウ（修飾）	硬貨 こうか	硬(い) **修** → 貨(お金)
オ（打消）	未開 みかい	未(否定)× ← **打消** 開(く)
ア（同じ）	休憩 きゅうけい	休 **＝同＝** 憩 どちらも「やすむ」の意。

次の漢字の**部首**を**ア〜エ**から**一つ**選び、**記号**で答えよ。

☐ **01**	獄	ア 犬　イ 言　ウ 犭　エ 口
☐ **02**	乳	ア し　イ ⺍　ウ 子　エ ⺌
☐ **03**	婆	ア 广　イ 皮　ウ 女　エ ⺡
☐ **04**	楼	ア 女　イ 米　ウ 木　エ 十
☐ **05**	賊	ア 貝　イ 丶　ウ 十　エ 戈
☐ **06**	既	ア 艮　イ 旡　ウ ノ　エ 尢
☐ **07**	乏	ア 丶　イ 亠　ウ 一　エ ノ
☐ **08**	斥	ア 斤　イ 丨　ウ ノ　エ 丶
☐ **09**	礎	ア 石　イ 木　ウ 疋　エ 口
☐ **10**	殊	ア 十　イ 木　ウ 歹　エ 二
☐ **11**	粋	ア 十　イ 乙　ウ 米　エ ノ
☐ **12**	罰	ア リ　イ 刂　ウ 罒　エ 言
☐ **13**	諮	ア 言　イ 冫　ウ 口　エ 欠
☐ **14**	孔	ア し　イ 丨　ウ 十　エ 子
☐ **15**	載	ア 車　イ 土　ウ 丶　エ 戈

解 答	解 説
ウ	犭：けものへん **出例** 猟もよく出る
ア	乚：おつ
ウ	女：おんな **出例** 威もよく出る
ウ	木：きへん **出例** 概／棋もよく出る
ア	貝：かいへん **出例** 贈／貯もよく出る
イ	旡：なし ぶ すでのつくり
エ	ノ：の はらいぼう **出例** 乗もよく出る
ア	斤：きん
ア	石：いしへん **出例** 碑／確もよく出る
ウ	歹：かばねへん いちたへん がつへん **出例** 残もよく出る
ウ	米：こめへん **出例** 糧／糖／粘／粉もよく出る
ウ	罒：あみがしら あみめ よこめ **出例** 署／置もよく出る
ア	言：ごんべん **出例** 詠／諾／誕／謀もよく出る
エ	孑：こへん
ア	車：くるま **出例** 輩もよく出る

読 み

同音・同訓異字

漢字識別

熟語の構成

部 首

対義語・類義語

漢字と送りがな

四字熟語

誤字訂正

書き取り

次の漢字の**部首**を**ア〜エ**から**一つ**選び、**記号**で答えよ。

☐ 01	髪	ア 彡	イ 又	ウ 髟	エ ム
☐ 02	焦	ア 隹	イ 一	ウ ノ	エ 灬
☐ 03	陶	ア ク	イ 阝	ウ 缶	エ 山
☐ 04	鶏	ア 灬	イ 爫	ウ 鳥	エ 宀
☐ 05	歳	ア 示	イ 止	ウ 戈	エ 厂
☐ 06	凝	ア 冫	イ 疋	ウ ヒ	エ 矢
☐ 07	岳	ア 一	イ エ	ウ ノ	エ 山
☐ 08	興	ア ハ	イ 臼	ウ 冂	エ 口
☐ 09	穂	ア 田	イ 心	ウ 十	エ 禾
☐ 10	鋳	ア ノ	イ 金	ウ 寸	エ 八
☐ 11	緊	ア 又	イ 匚	ウ 糸	エ 小
☐ 12	餓	ア 食	イ 戈	ウ 丶	エ 弋
☐ 13	就	ア し	イ 一	ウ 尢	エ 小
☐ 14	犠	ア 王	イ 牛	ウ 戈	エ 羊
☐ 15	縫	ア 夂	イ 糸	ウ 辶	エ ム

解 答	解 説
ウ	髟：かみがしら
エ	灬：れんが　れっか **出例** 為／烈もよく出る
イ	阝：こざとへん **出例** 随／陵／陪／隆もよく出る
ウ	鳥：とり
イ	止：とめる **出例** 武／歴もよく出る
ア	冫：にすい **出例** 凍もよく出る
エ	山：やま **出例** 岸／崩もよく出る
イ	臼：うす
エ	禾：のぎへん **出例** 穫／穀／稚／穏もよく出る
イ	釒：かねへん **出例** 錯／鐘もよく出る
ウ	糸：いと **出例** 系／紫もよく出る
ア	飠：しょくへん **出例** 飽もよく出る
ウ	尢：だいのまげあし
イ	牛：うしへん **出例** 牲もよく出る
イ	糹：いとへん **出例** 絞／織／締もよく出る

読み　同音・同訓異字　漢字識別　熟語の構成　部首　対義語・類義語　漢字と送りがな　四字熟語　誤字訂正　書き取り

対義語・類義語①

右の□内のひらがなを一度だけ使い、漢字**一字**に
直して□に入れ、**対義語・類義語**を作れ。

対義語

□ **01** 却下 ↔ □理

□ **02** 鎮静 ↔ 興□

□ **03** 辛勝 ↔ 惜□

□ **04** 雇用 ↔ □雇

□ **05** 快諾 ↔ □辞

類義語

□ **06** 高低 = □伏

□ **07** 精励 = □勉

□ **08** 用心 = □戒

□ **09** 安値 = □価

□ **10** 基盤 = □底

かい
き
きん
けい
こ
こん
じゅ
はい
ふん
れん

解 答	解 説
受理 （じゅり）	**却下**：申請や願い事をうけ付けず退けること。差し戻すこと。 **受理**：うけ付けること。**出例** 棄却 ↔ 受理
興奮 （こうふん）	**鎮静**：騒ぎや気持ちなどがしずまること。しずめて落ち着かせること。 **興奮**：感情が高ぶること。
惜敗 （せきはい）	**辛勝**：競技などで、かろうじて勝つこと。 **惜敗**：試合などに、わずかな差で負けること。
解雇 （かいこ）	**雇用**：仕事をさせるため賃金を払い人を雇うこと。 **解雇**：使用者側から雇用契約をやめること。 **出例** 採用 ↔ 解雇
固辞 （こじ）	**快諾**：快く承知すること。 **固辞**：かたく辞退すること。
起伏 （きふく）	**高低**：高さや程度が高いことと低いこと。 **起伏**：高くなったり低くなったりしていること。
勤勉 （きんべん）	**精励**：力を尽くして努めはげむこと。 **勤勉**：仕事や学問などに、一生懸命にはげむこと。
警戒 （けいかい）	**用心**：万一に備えてあらかじめ注意すること。 **警戒**：危険などに備えて、用心すること。 **対義語** 油断
廉価 （れんか）	**安値**：価格が安いこと。 **廉価**：品物の値段が安いこと。 **類義語** 安価
根底 （こんてい）	**基盤**：物事の土台となるもののこと。 **根底**：おおもととなる考え方。

読 み

同音・同訓異字

漢字識別

熟語の構成

部 首

対義語・類義語

漢字と送りがな

四字熟語

誤字訂正

書き取り

右の□内のひらがなを一度だけ使い、漢字**一字**に
直して□に入れ、**対義語・類義語**を作れ。

<table>
<tr><td rowspan="5">**対義語**</td><td>☑ **01** 孤立 ↔ □帯</td></tr>
<tr><td>☑ **02** 冗漫 ↔ 簡□</td></tr>
<tr><td>☑ **03** 炎暑 ↔ □寒</td></tr>
<tr><td>☑ **04** 新鋭 ↔ □豪</td></tr>
<tr><td>☑ **05** 解放 ↔ □縛</td></tr>
<tr><td rowspan="5">**類義語**</td><td>☑ **06** 計略 = □謀</td></tr>
<tr><td>☑ **07** 至急 = □急</td></tr>
<tr><td>☑ **08** 便利 = 重□</td></tr>
<tr><td>☑ **09** 利口 = □明</td></tr>
<tr><td>☑ **10** 排除 = 除□</td></tr>
</table>

きょ
きん
けつ
けん
げん
こ
さく
そく
ほう
れん

解 答	解 説
連帯 れんたい	孤立：その人や物だけそこにいて、他から 離れていること。 連帯：二つ以上の物が結びついていること。
簡潔 かんけつ	冗漫：しまりがなく、むだが多いこと。 簡潔：表現が簡単で、要領を得ているさま。 出例 冗長 ↔ 簡潔
厳寒 げんかん	炎暑：非常にきびしい暑さのこと。 厳寒：非常にさむいこと。
古豪 ここう	新鋭：新しく勢いがあり、優れていること。 また、そのような人。 古豪：経験が豊富で力量がある人。ベテラン。
束縛 そくばく	解放：ときはなつこと。 束縛：行動などに制限を加えること。 出例 自由 ↔ 束縛
策謀 さくぼう	計略：人をだまそうとするたくらみ。 策謀：はかりごとをめぐらすこと。
緊急 きんきゅう	至急：とても急ぐこと。大急ぎ。 緊急：重大で即座に対応しなくてはならな いこと。
重宝 ちょうほう	便利：物事を行う際に役に立つこと。 重宝：便利で役に立つこと。
賢明 けんめい	利口：頭がよいこと。賢いこと。 賢明：かしこくて適切な処置や判断を下せ るさま。
除去 じょきょ	排除：押しのけて取りのぞくこと。 除去：物事を取りのぞくこと。

読み

同音・同訓異字

漢字識別

熟語の構成

部首

対義語・類義語

漢字と送りがな

四字熟語

誤字訂正

書き取り

267

対義語・類義語③

右の□内のひらがなを一度だけ使い、漢字**一字**に直して□に入れ、**対義語・類義語**を作れ。

対義語

☑ 01 発生 ↔ □滅

☑ 02 概略 ↔ 詳□

☑ 03 興隆 ↔ 衰□

☑ 04 長寿 ↔ 短□

☑ 05 死去 ↔ □生

類義語

☑ 06 傍観 = □視

☑ 07 高慢 = □大

☑ 08 排斥 = □放

☑ 09 没頭 = □中

☑ 10 了解 = □得

| ざ |
| さい |
| しょう |
| そん |
| たい |
| たん |
| つい |
| なっ |
| ねっ |
| めい |

解 答	解 説
消滅 しょうめつ	**発生**：新しく物事が起こること。生じること。 **消滅**：きえてなくなること。
詳細 しょうさい	**概略**：物事のあらまし。大略。 **詳細**：こまかい部分にわたってくわしいこと。 類義語 委細
衰退 すいたい	**興隆**：物事がおこって盛んになること。 **衰退**：おとろえて勢いを失うこと。 出例 隆盛 ↔ 衰退　類義語 衰微
短命 たんめい	**長寿**：長く生きること。長生き。 **短命**：若くして死ぬこと。短いいのち。 類義語 薄命
誕生 たんじょう	**死去**：人が死ぬこと。 **誕生**：うまれること。 出例 死亡 ↔ 誕生
座視 ざ し	**傍観**：そのことにかかわり合いにならず、ただそばで見ていること。 **座視**：見ているだけで手を出さないこと。
尊大 そんだい	**高慢**：思い上がって人を見下すこと。 **尊大**：いばって偉そうな態度をとること。 対義語 卑屈／卑下
追放 ついほう	**排斥**：受け入れられずに退けること。 **追放**：人や物事を追い払うこと。
熱中 ねっちゅう	**没頭**：他のことを忘れ、一つのことだけに夢中になること。 **熱中**：一つの物事に没頭すること。夢中になること。
納得 なっとく	**了解**：物事を理解して認めること。 **納得**：他者の考えなどを十分に理解して認めること。 出例 得心 ＝ 納得

読み｜同音・同訓異字｜漢字識別｜熟語の構成｜部首｜対義語・類義語｜漢字と送りがな｜四字熟語｜誤字訂正｜書き取り

対義語・類義語④

右の□内のひらがなを一度だけ使い、漢字**一字**に
直して□に入れ、**対義語・類義語**を作れ。

対義語

☑ 01 浪費 ↔ □約

☑ 02 連帯 ↔ □立

☑ 03 善良 ↔ □悪

☑ 04 高雅 ↔ □俗

☑ 05 繁栄 ↔ □微

類義語

☑ 06 前途 ＝ □来

☑ 07 邪魔 ＝ 妨□

☑ 08 失望 ＝ □胆

☑ 09 明白 ＝ □然

☑ 10 放浪 ＝ □泊

がい
けん
こ
じゃ
しょう
すい
てい
ひょう
らく
れき

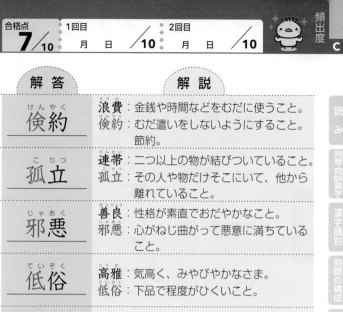

解 答	解 説
倹約 （けんやく）	浪費（ろうひ）：金銭や時間などをむだに使うこと。 倹約（けんやく）：むだ遣いをしないようにすること。節約。
孤立 （こりつ）	連帯（れんたい）：二つ以上の物が結びついていること。 孤立（こりつ）：その人や物だけそこにいて、他から離れていること。
邪悪 （じゃあく）	善良（ぜんりょう）：性格が素直でおだやかなこと。 邪悪（じゃあく）：心がねじ曲がって悪意に満ちていること。
低俗 （ていぞく）	高雅（こうが）：気高く、みやびやかなさま。 低俗（ていぞく）：下品で程度がひくいこと。
衰微 （すいび）	繁栄（はんえい）：さかえて発展すること。 衰微（すいび）：盛んだったものが、おとろえること。
将来 （しょうらい）	前途（ぜんと）：これから先の道のり。 将来（しょうらい）：これから先。未来。
妨害 （ぼうがい）	邪魔（じゃま）：さまたげること。さまたげになるもの。 妨害（ぼうがい）：さまたげること。邪魔をすること。 出例 阻止（そし）＝妨害（ぼうがい）
落胆 （らくたん）	失望（しつぼう）：あてが外れてがっかりすること。希望を失うこと。 落胆（らくたん）：希望どおりにならず、がっかりすること。
歴然 （れきぜん）	明白（めいはく）：はっきりしていて疑う余地がないこと。 歴然（れきぜん）：間違いようもなく、はっきりしていること。
漂泊 （ひょうはく）	放浪（ほうろう）：あてもなくさまよい歩くこと。 漂泊（ひょうはく）：流れただようこと。さまようこと。

読み／同音・同訓異字／漢字識別／熟語の構成／部首／対義語・類義語／漢字と送りがな／四字熟語／誤字訂正／書き取り

271

対義語・類義語⑤

右の□内のひらがなを一度だけ使い、漢字**一字**に
直して□に入れ、**対義語・類義語**を作れ。

対義語

☑ **01** 繁栄 ↔ 没□

☑ **02** 優遇 ↔ □遇

☑ **03** 釈放 ↔ □捕

☑ **04** 虐待 ↔ □護

☑ **05** 協調 ↔ □他

類義語

☑ **06** 画策 ＝ 策□

☑ **07** 手腕 ＝ 技□

☑ **08** 征伐 ＝ 退□

☑ **09** 了承 ＝ □諾

☑ **10** 屈伏 ＝ □参

あい
きょう
こう
じ
たい
はい
ぼう
らく
りょう
れい

解答	解説
没落 ぼつらく	繁栄：さかえて発展すること。 没落：栄えていたものがおちぶれること。 **類義語** 衰微
冷遇 れいぐう	優遇：手厚くもてなすこと。厚遇。 冷遇：つめたい待遇をすること。不当に低い待遇。
逮捕 たいほ	釈放：捕まえられていた人物が解放されること。 逮捕：犯罪の容疑のある者をとらえ自由を制限すること。
愛護 あいご	虐待：むごい扱いをすること。 愛護：かわいがり、大切にすること。
排他 はいた	協調：利害の対立するものがお互いに協力しあうこと。 排他：自分の仲間以外の者を受け入れないこと。
策謀 さくぼう	画策：人に知られないよう計画を立てること。 策謀：はかりごとをめぐらすこと。
技量 ぎりょう	手腕：物事を処理する、すぐれた能力。 技量：物事を行う腕前。手並み。
退治 たいじ	征伐：悪者を攻めること。 退治：悪者などを討ち果たすこと。
許諾 きょだく	了承：他者の申し出を事情などをくんで納得し承知すること。 許諾：先方の希望を聞き入れてゆるすこと。
降参 こうさん	屈伏：相手の力や勢いなどに負けて服従すること。 降参：戦いに負けて、相手に従うこと。

対義語・類義語⑥

右の□内のひらがなを一度だけ使い、漢字**一字**に直して□に入れ、**対義語・類義語**を作れ。

対義語

☑ 01 栄達 ↔ 零□

☑ 02 詳細 ↔ □要

☑ 03 課税 ↔ □税

☑ 04 事実 ↔ □構

☑ 05 都心 ↔ □外

類義語

☑ 06 隆盛 = 繁□

☑ 07 閉口 = □惑

☑ 08 利口 = 賢□

☑ 09 案内 = □導

☑ 10 独自 = □有

えい
がい
きょ
こう
こん
とく
めい
めん
ゆう
らく

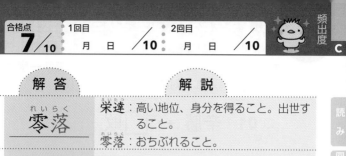

解 答	解 説
零落 _{れいらく}	栄達：高い地位、身分を得ること。出世することること。 零落：おちぶれること。
概要 _{がいよう}	詳細：細部にわたって詳しいこと。詳しい事情。 概要：物事の大まかな内容のこと。
免税 _{めんぜい}	課税：税金をかすこと。 免税：税金を納めなくてよいこと。
虚構 _{きょこう}	事実：実際に起こった物事。 虚構：実際にはないことを、本当のことらしくつくり上げること。
郊外 _{こうがい}	都心：その地域の政治・経済の中心になっている部分の中心部。 郊外：市街地の周辺の地域。
繁栄 _{はんえい}	隆盛：勢いが盛んなこと。 繁栄：さかえて発展すること。
困惑 _{こんわく}	閉口：自分の力ではどうしようもなく、こまること。 困惑：どうすればよいかわからず迷うこと。
賢明 _{けんめい}	利口：頭がよいこと。賢いこと。 賢明：賢くて適切な処置や判断を下せるさま。 出例 利発 ＝ 賢明
誘導 _{ゆうどう}	案内：道や場所などを知らない他者をその場へみちびくこと。 誘導：人や物を特定の場所までみちびくこと。
特有 _{とくゆう}	独自：他とは関係なくとく有であること。 特有：ある物だけが独自に持っているもののこと。

読 み / 同音・同訓異字 / 漢字識別 / 熟語の構成 / 部 首 / 対義語・類義語 / 漢字と送りがな / 四字熟語 / 誤字訂正 / 書き取り

275

右の□内のひらがなを一度だけ使い、漢字**一字**に直して□に入れ、**対義語・類義語**を作れ。

対義語

☑ **01** 辛勝 ↔ □敗

☑ **02** 繁栄 ↔ □落

☑ **03** 具体 ↔ □象

☑ **04** 薄弱 ↔ 強□

☑ **05** 開始 ↔ 終□

類義語

☑ **06** 阻害 ＝ 邪□

☑ **07** 処罰 ＝ 制□

☑ **08** 重荷 ＝ 負□

☑ **09** 薄情 ＝ □淡

☑ **10** 敢闘 ＝ □戦

```
こ
さい
せき
たん
ちゅう
ふん
ぼつ
ま
りょう
れい
```

解 答	解 説
惜敗 せきはい	辛勝：競技などで、かろうじて勝つこと。 惜敗：試合などに、わずかな差で負けること。
没落 ぼつらく	繁栄：さかえて発展すること。 没落：栄えていたものがおちぶれること。 **類義語** 衰微
抽象 ちゅうしょう	具体：直接に認識できる形や内容を持つこと。 抽象：事物などの、ある性質や共通性に着目し、それを抜き出して把握すること。
強固 きょうこ	薄弱：意志や体力が弱いこと。頼りないさま。 強固：つよくしっかりしているさま。 **出例** 柔弱 ↔ 強固
終了 しゅうりょう	開始：物事が始まること。 終了：終わること。
邪魔 じゃま	阻害：さまたげること。 邪魔：さまたげること。さまたげになるもの。 **出例** 妨害 = 邪魔
制裁 せいさい	処罰：罪に対して罰を与えること。 制裁：決まりを破った人物を懲らしめること。
負担 ふたん	重荷：重すぎる責任や荷物。 負担：重すぎる責任や仕事。
冷淡 れいたん	薄情：人情にうすいこと。愛情のうすいこと。 冷淡：思いやりや同情心のないこと。 **対義語** 親切
奮戦 ふんせん	敢闘：勇敢に戦うこと。 奮戦：気力をふるって力いっぱい戦うこと。

読み / 同音・同訓異字 / 漢字識別 / 熟語の構成 / 部首 / 対義語・類義語 / 漢字と送りがな / 四字熟語 / 誤字訂正 / 書き取り

277

対義語・類義語⑧

右の□内のひらがなを一度だけ使い、漢字**一字**に
直して□に入れ、**対義語・類義語**を作れ。

対義語

☑ **01** 歓喜 ↔ 悲□

☑ **02** 敵対 ↔ □調

☑ **03** 公開 ↔ □匿

☑ **04** 偶然 ↔ □然

☑ **05** 弟子 ↔ □匠

類義語

☑ **06** 飽食 ＝ 満□

☑ **07** 幼稚 ＝ 未□

☑ **08** 精励 ＝ 勤□

☑ **09** 強硬 ＝ 強□

☑ **10** 次第 ＝ 順□

あい
いん
きょう
し
じゅく
じょ
ひ
ひつ
ぷく
べん

| 合格点 7/10 | 1回目 月 日 /10 | 2回目 月 日 /10 |

解 答 / 解 説

悲哀（ひあい）	歓喜：非常に喜ぶこと。 悲哀：かなしく、あわれなこと。 類義語 悲嘆
協調（きょうちょう）	敵対：敵とみなして相対すること。 協調：利害の対立するものがお互いに力を合わせること。 出例 排他 ↔ 協調
秘匿（ひとく）	公開：公に開放すること。広く入場・観覧・使用などを許すこと。 秘匿：他人にはひ密にして隠すこと。
必然（ひつぜん）	偶然：予想しないことが起こること。 必然：必ずそうなること。
師匠（ししょう）	弟子：先生から教えを受ける人のこと。 師匠：学問や芸術などを教える人のこと。
満腹（まんぷく）	飽食：飽きるほど食べること。食べたいだけ食べられ、食物に不自由しないこと。 満腹：おなかがいっぱいであること。
未熟（みじゅく）	幼稚：おさないこと。考え方などが未じゅくなこと。 未熟：学業や技術の習じゅくが十分でないこと。
勤勉（きんべん）	精励：力を尽くして努めはげむこと。 勤勉：仕事や学問などに、一生懸命にはげむこと。
強引（ごういん）	強硬：自らの意見などを無理やり通そうとすること。 強引：反対を無理やり押し切って物事を行うこと。
順序（じゅんじょ）	次第：順番のこと。 順序：一定の基準に従った並びのこと。

次の＿＿線の**カタカナ**を**漢字一字**と**送りがな**（**ひ らがな**）に直せ。　質問に**コタエル**。答える

☑ **01** 親せきの家に身を**ヨセル**。

☑ **02** 若手研究者が一堂に**ツドウ**。

☑ **03** 案内係に**ミチビカレタ**。

☑ **04** 弟は身のこなしが**カロヤカダ**。

☑ **05** 都合がつかず日を**アラタメル**。

☑ **06** 兄の結婚は大変**ヨロコバシイ**。

☑ **07** お年寄りを**ウヤマウ**。

☑ **08** 舞台の役者をライトが**テラス**。

☑ **09** 背中を**ソラシテ**伸びをする。

☑ **10** 四人の子を**ヤシナウ**。

解答	解説
寄せる	寄(よ)せる：近づく。近づける。一か所に集める。手紙などを送る。足す。思いをかける。一時的に世話になる。あることに関係づける。押し付ける。
集う	集(つど)う：人々がある目的をもって寄りあつまる。
導かれた	導(みちび)く：道案内をする。手引きをする。しむける。 ✕ 導びかれた
軽やかだ	軽(かろ)やか：けい快な様子。いかにもかるそうなこと。
改める	改(あらた)める：古いものを新しくする。改善する。態度などをきちんとする。正しいかどうかを詳しく調べる。
喜ばしい	喜(よろこ)ばしい：よろこぶべきことである。うれしい。 ✕ 喜こばしい
敬う	敬(うやま)う：相手を尊んで礼をつくす。尊けいする。 ✕ 敬まう
照らす	照(て)らす：光をあてる。参しょうする。
反らして	反(そ)らす：体を後方に曲げる。物をしならせる。 音読 ハン・ホン㊄・タン㊥
養う	養(やしな)う：家族などが生活できるように面倒をみること。

漢字と送りがな②

次の＿＿線の**カタカナ**を**漢字一字**と**送りがな（ひらがな）**に直せ。　　質問に**コタエル**。答える

☑ **01** 過去の選択を**クイル**ことはしない。

☑ **02** 成長期は食欲が**サカンダ**。

☑ **03** 別れのときまで友と**カタラウ**。

☑ **04** 造園技術の専門家を**ココロザス**。

☑ **05** 使い古した茶碗が**ワレル**。

☑ **06** 社則に**モトヅク**対応をとる。

☑ **07** バラの葉が**チヂレル**。

☑ **08** 決勝戦でライバルを**マカス**。

☑ **09** パーティーでお酒を**イタダク**。

☑ **10** 時間を**ハブク**調理法だ。

解答	解説

読み

悔いる　悔いる：自分の行った行動に対し、後になって間違いに気づき反省すること。
出例 悔しい／悔やむ

同音・同訓異字

盛んだ　盛ん：勢いがあるさま。気力が充実していること。積極的に繰り返し行われるさま。せい大なこと。繁じょうなこと。**出例** 盛る

漢字識別

語らう　語らう：話しあうこと。

熟語の構成

志す　志す：ある事をしようと決心する。好意などを表すために金品を贈ること。

部首

割れる　割れる：こわれて細かくなる。組織などが分裂する。秘密などが明らかになる。音が聞き取りにくくなること。

対義語・類義語

基づく　基づく：それがもとで起こること。起因する。根拠とする。

漢字と送りがな

縮れる　縮れる：しわが寄って小さくなること。細かく波打つ、巻いた状態になること。
出例 縮める

四字熟語

負かす　負かす：相手をまけさせる。

頂く　頂く：「もらう」の謙譲語。目上の人物からものを与えられること。かぶる。

誤字訂正

省く　省く：不要な部分を取り除く。いらないものとして取り除く。減らす。節約する。

書き取り

次の___線の**カタカナ**を**漢字一字**と**送りがな（ひらがな）**に直せ。　質問に<u>コタエル</u>。 答える

☑ **01** 五年間働いた会社を<u>ヤメル</u>。

☑ **02** <u>ナマケテ</u>いたところを見つかった。

☑ **03** 一代で巨万の富を<u>キズク</u>。

☑ **04** <u>オサナイ</u>ころの写真を見返す。

☑ **05** 事件の関係者全員が口を<u>トザス</u>。

☑ **06** 人を<u>サバク</u>意味を考える。

☑ **07** 発表された内容は事実と<u>コトナル</u>。

☑ **08** 過ぎ行く季節を<u>オシム</u>。

☑ **09** 好物の魚をよくかんで<u>アジワウ</u>。

☑ **10** ゲストに登山家を<u>マネク</u>。

解 答	解 説
辞める	辞める：就いていた職や地位などから離れる。じ職する。
怠けて	怠ける：労力を惜しんですべきことを行わないこと。 ✖ 怠て **出例** 怠る
築く	築く：土・石などを積み上げてつくる、つきかためる。地位や財産などをしっかりつくる。
幼い	幼い：年齢がとても若いこと。
閉ざす	閉ざす：戸や門をしめる。錠をおろす。開いた部分をしめる。通路などをふさぐ。
裁く	裁く：善悪・理非を明らかにする。
異なる	異なる：違っていること。別であること。
惜しむ	惜しむ：心残りに思うこと。大切に思うこと。金品などを出ししぶること。 **出例** 惜しい
味わう	味わう：飲食物を口に入れて、そのうまみを十分に感じとる。あじやうまみを感じる、楽しむ。物事のおもしろみを感じとる。体験する。
招く	招く：合図して人を呼ぶ。しょう待する。地位を用意して、来てもらう。好ましくない事態をもたらす。

読み

同音・同訓異字

漢字識別

熟語の構成

部首

対義語・類義語

漢字と送りがな

四字熟語

誤字訂正

書き取り

四字熟語①

文中の**四字熟語**の＿＿線の**カタカナ**を**漢字二字**に直せ。

☐ **01** 贈り物を前に**キショク**満面だ。

☐ **02** 古物市の商品は**ギョクセキ**混交だ。

☐ **03** 酔って**前後フカク**におちいる。

☐ **04** まさに**明鏡シスイ**の心境だ。

☐ **05** 活殺**ジザイ**なコーチの前で縮こまる。

☐ **06** 意味**シンチョウ**な発言があった。

☐ **07** **ココン東西**に例を見ない政策だ。

☐ **08** 今では**コジョウ**落日の感がある。

☐ **09** **シンチン**代謝が低下している。

☐ **10** 政治家の**離合シュウサン**が目立つ。

解　答	解　説

読み

同音・同訓異字

漢字識別

熟語の構成

部首

対義語・類義語

漢字と送りがな

四字熟語

誤字訂正

書き取り

きしょくまんめん
喜色満面

顔いっぱいにうれしそうなよろこびの表情を表すこと。**出例**「満面」も問われる
類義語 得意満面

ぎょくせきこんこう
玉石混交

優れたものと劣ったものが入りまじっていること。
出例「混交」も問われる

ぜんごふかく
前後不覚

物事のあとさきもわからなくなるほど正体をなくすこと。
✕ 不確　**類義語** 人事不省

めいきょうしすい
明鏡止水

一点のくもりもない鏡や静かな水のように、心にやましい点がなく、澄みきっていること。**出例**「明鏡」も問われる

かっさつじざい
活殺自在

生かすも殺すも思いのままで、他を自分の思いどおりに扱うこと。**出例**「活殺」も問われる　**類義語** 生殺与奪

いみしんちょう
意味深長

人の言動や表現が奥ぶかい意味を持っていること。裏に別の意味が隠されていること。
✕ 伸長／深重

ここんとうざい
古今東西

いつでも、どこでも。「古今」は昔から今まで（いつでも）、「東西」は東も西も（どこでも）。**出例**「東西」も問われる

こじょうらくじつ
孤城落日

昔の勢いを失い、心細いさま。助けがなくこ立したしろと、西に傾く夕日。**出例**「落日」も問われる　**類義語** 孤立無援

しんちんたいしゃ
新陳代謝

あたらしい物が古い物に取って代わること。
出例「代謝」も問われる

りごうしゅうさん
離合集散

人々があつまったり離れたりすること。協力しあったり、反目したりすること。
豆「集散離合」ともいう

四字熟語②

文中の**四字熟語**の＿＿線の**カタカナ**を**漢字二字**に直せ。

☑ **01** 奇想<u>テンガイ</u>な企画が提出された。

☑ **02** 難攻<u>フラク</u>といわれる城を攻める。

☑ **03** 二束<u>サンモン</u>で買いたたかれる。

☑ **04** 人事には熟慮<u>ダンコウ</u>が重要だ。

☑ **05** 事件を針小<u>ボウダイ</u>に騒ぎ立てる。

☑ **06** どれも**大同**<u>ショウイ</u>の内容だ。

☑ **07** 老成<u>エンジュク</u>した人物だ。

☑ **08** あの夫婦はまさに**以心**<u>デンシン</u>だ。

☑ **09** 試合に勝って<u>イキ</u>**揚揚**と帰宅する。

☑ **10** <u>カチョウ</u>**風月**をたしなむ。

解 答	解 説

奇想天外（きそうてんがい）
ふつうでは思いもよらないほど奇抜であること。✕ 点外 **出例**「奇想」も問われる
🫛「奇想、天外より落つ」の略

難攻不落（なんこうふらく）
攻めるのが難しく、簡単に攻めおとせないこと。**出例**「難攻」も問われる
類義語 金城鉄壁／金城湯池

二束三文（にそくさんもん）
非常に安い値段で品物を売ること。
✕ 三問 **出例**「二束」も問われる
🫛「二束」は「二足」とも書く

熟慮断行（じゅくりょだんこう）
よく考えたうえで、思いきって事をおこなうこと。

針小棒大（しんしょうぼうだい）
針ほどのことをぼうのようにおおきく言う意から、物事をおおげさに言いたてること。
✕ 膨大 **出例**「針小」も問われる

大同小異（だいどうしょうい）
細かい点に違いはあっても、だいたいは同じであること。
✕ 小違 **類義語** 同工異曲

老成円熟（ろうせいえんじゅく）
豊富な経験により、人格や知識、技能などがじゅく達していること。
出例「老成」も問われる

以心伝心（いしんでんしん）
言葉を使わずに、こころとこころで通じ合うこと。
出例「以心」も問われる

意気揚揚（いきようよう）
得意で元気なさま。得意げで威勢のよいこと。

花鳥風月（かちょうふうげつ）
自然の美しい風景。自然を題材とした詩歌や絵画などをたしなむ風流をいう。
出例「風月」も問われる **類義語** 雪月風花

文中の**四字熟語**の___線の**カタカナ**を**漢字二字**に直せ。

□ **01** グループは**四分**ゴレツとなった。

□ **02** 就職して**シンキ一転**、再出発する。

□ **03** 二人は初対面で**意気**トウゴウした。

□ **04** タンジュン**明快**に答える。

□ **05** **得意**マンメンで自慢話をする。

□ **06** ヨウシ**端麗**な女性を妻に迎える。

□ **07** しょせんは**同床**イムの仲間だった。

□ **08** 日本では**サンカン四温**が現れにくい。

□ **09** 花と実が採れて**一挙**リョウトクだ。

□ **10** ゼンジン**未到**の記録を打ち立てる。

解 答	解 説

四分五裂 （しぶんごれつ）
ばらばらに分れつしていること。秩序がなく、乱れている様子。**出例**「四分」も問われる **豆**「四分」は「しぶ」とも読む。

心機一転 （しんきいってん）
何らかの出来事をきっかけにして、こころ持ちがすっかり変わること。
✗ 心気／新気

意気投合 （いきとうごう）
お互いの気持ちが、完全に一致すること。気があうこと。

単純明快 （たんじゅんめいかい）
物事が込み入っておらず、わかりやすいこと。
対義語 複雑怪奇（ふくざつかいき）

得意満面 （とくいまんめん）
自慢そうな気持ちが顔じゅうにあふれていること。
出例「得意」も問われる **類義語** 喜色満面（きしょくまんめん）

容姿端麗 （ようしたんれい）
すがたかたちが整っていて美しいこと。
出例「端麗」も問われる

同床異夢 （どうしょういむ）
夫婦が同じ寝床に寝ていても異なるゆめを見る意から、行動をともにする仲間でも考え方や目的が異なること。**出例**「同床」も問われる

三寒四温 （さんかんしおん）
寒い日が三日ほど続き、その後四日間ぐらい暖かい日になること。気候が次第に暖かくなること。**出例**「四温」も問われる

一挙両得 （いっきょりょうとく）
一つのことをするだけで、二つの利益をえられること。**✗** 両特 **出例**「一挙」も問われる **類義語** 一石二鳥（いっせきにちょう）

前人未到 （ぜんじんみとう）
だれも到達していない、足を踏み入れていないところ。また、だれも成し遂げたことがないということ。

誤字訂正①

次の各文にまちがって使われている**同じ読みの漢字**が**一字**ある。**誤字**と**正しい漢字**を答えよ。

☑ **01** 製品を身近に感じてもらうため、販売促伸の一環として実用品や小物が配られた。

☑ **02** 大学に入ったら、将来につながる基礎研究の分野で多くの知識を蓄籍する。

☑ **03** 工事の実施に当たっては、自然環境の保善に細心の注意を払っている。

☑ **04** 人手不足が深刻な高齢者の介護仕設では、外国人労働者への期待が高まっている。

☑ **05** 調査によると、事故の原因は機械的な故傷であって人為的なものではなかった。

☑ **06** 明治時代に建てられた格超高い洋風建築が、国の重要文化財に指定された。

☑ **07** 日本には能や狂言、落語といった伝到芸能が多数存在している。

☑ **08** 避難場所への移動を必要とする近急事態に備え、携行品のチェックリストを作成する。

☑ **09** 相手との人間関係に配慮しながら衆囲を巻き込んで協力を得るのがビジネスのコツだ。

☑ **10** 大気汚染は依然として辛刻であり、健康への影響が問題視されてる。

解 答	解 説
伸 ➡ 進	促進：物事がはかどるように、うながしてすすめること。
籍 ➡ 積	蓄積：たくわえること。たまること。
善 ➡ 全	保全：保護して安全にまもること。
仕 ➡ 施	施設：ある目的のために建築物などを設けること。また、その設備。
傷 ➡ 障	故障：機械や身体の正常な働きが損なわれていること。
超 ➡ 調	格調：詩歌や文章、造形物などの表現から生じる気品や具合いのこと。
到 ➡ 統	伝統：しきたり、様式、思想、芸術など、昔から受け伝えられてきたもの。
近 ➡ 緊	緊急：重大で即座に対応しなくてはならないこと。
衆 ➡ 周	周囲：まわり。しゅう辺。外しゅう。
辛 ➡ 深	深刻：事態が差しせまり、容易ならざるところまできているさま。

読 み
同音同訓異字
漢字識別
熟語の構成
部 首
対義語・類義語
漢字と送りがな
四字熟語
誤字訂正
書き取り

次の各文にまちがって使われている**同じ読みの漢字**が一字ある。**誤字**と**正しい漢字**を答えよ。

☑ **01** 家蓄の飼料に使用される抗生物質は、薬剤耐性を作り出す原因になっている。

☑ **02** 進化の過提で器官が単純化したり縮小したりすることがあり、これを退化という。

☑ **03** 受験に供える効率のよい勉強の一つに、時間帯に着目した学習法がある。

☑ **04** 現地で暮らすようになって本拡的に英語を勉強し、日常会話に事欠かぬようになった。

☑ **05** 劣化の進んだ教会の壁画を保修するために、専門の職人が全国から集まった。

☑ **06** アンケートへ回答し、必要事項を記入の上、切手を貼って郵送で応慕した。

☑ **07** ハエなどの害虫は雄雌とも樹液や熱した果実に憂引され、花にはあまり近づかない。

☑ **08** その機能の追加は戯術的には可能だが、予算の問題など実現には課題が多い。

☑ **09** 福祉財団の助成を受け、全国の医療・介互施設で講習会を開催している。

☑ **10** 工芸品はどれも小さくて整巧で、上品な茶器や動物の飾りものなど多くの種類があった。

解 答	解 説
蓄 → 畜	家畜（かちく）：家や農家などで飼われている動物のこと。
提 → 程	過程（かてい）：物事が進行し、発展するにいたる道筋。プロセス。
供 → 備	備（そな）える：何らかの物事に対して前もって準びをする。必要な物をそろえておく。
拡 → 格	本格（ほんかく）：もともとのかく式。本式。また、それに従っているさま。
保 → 補	補修（ほしゅう）：壊れたり、傷んだりした部分を補って直すこと。
慕 → 募	応募（おうぼ）：ぼ集に応じること。
憂 → 誘	誘引（ゆういん）：さそい入れること。
戯 → 技	技術（ぎじゅつ）：物事を上手に効率的に行う方法や手段のこと。
互 → 護	介護（かいご）：障害者の生活支援、また、高齢者・病人などを介抱し看ごすること。
整 → 精	精巧（せいこう）：仕組みが細かくて、うまくできているさま。

次の＿＿線の**カタカナ**を**漢字**に直せ。

□ **01** 食料と物資が**ケツボウ**している。

□ **02** 今日の任務が**カンリョウ**する。

□ **03** 感染防止のため病人を**カクリ**する。

□ **04** 弟は**カン**の鋭い子だ。

□ **05** 罪人に**ケイバツ**が科せられる。

□ **06** 新聞の一面に記事が**ケイサイ**されている。

□ **07** 現役を**シリゾ**いても影響力がある。

□ **08** ひどい**シロモノ**をつかまされた。

□ **09** 趣味で写真を**ト**っている。

□ **10** 街中に教会の**カネ**の音が鳴り響く。

解 答	解 説
欠乏 けつぼう	欠乏：不足していること。物がとぼしいこと。 出例 貧乏／乏しい
完了 かんりょう	完了：かん全に終わること。終えること。 出例 終了
隔離 かくり	隔離：へだたること。へだてはなすこと。 出例 間隔／隔たる／隔てる
勘 かん	勘：物事の意味や善悪を本能的に感じとる能力。 出例 勘違い
刑罰 けいばつ	刑罰：罪に対するとがめ・制裁。 出例 処刑
掲載 けいさい	掲載：新聞や雑誌などに、文や写真などをのせること。 出例 掲示／掲げる
退いて しりぞいて	退く：公の職務などから引退する。後ろへ下がる。貴人の前からたい出する。 出例 退ける／退去
代物 しろもの	代物：売買する品。ある評価の対象となる人やもの（あなどって言うことが多い）。（豆）「代」は8級配当漢字だが、「しろ」は中学校で学ぶ読み
撮って とって	撮る：写真を写すこと。 出例 撮影
鐘 かね	鐘：たたいて音を出すための金属でできたもののこと。

書き取り②

次の＿＿線の**カタカナ**を**漢字**に直せ。

☑ **01** 空港の<u>シセツ</u>を管理運営する。

☑ **02** <u>フクシ</u>サービスを提供する会社で働く。

☑ **03** <u>ジク</u>がぶれない発言を心がける。

☑ **04** <u>コフン</u>からの出土品を研究する。

☑ **05** <u>チョウジュ</u>のお祝いに花を贈る。

☑ **06** 本を読んで<u>キソ</u>知識を深める。

☑ **07** 台風の勢力は<u>オトロ</u>える気配がない。

☑ **08** <u>アサセ</u>が続く人気の海水浴場だ。

☑ **09** 部下に新しい仕事を<u>マカ</u>せる。

☑ **10** 局地的に<u>タキ</u>のような雨が降った。

解　答	解　説

読み

同音・同訓異字

漢字識別

熟語の構成

部首

対義語・類義語

漢字と送りがな

四字熟語

誤字訂正

書き取り

解　答	解　説
<ruby>施設<rt>し せつ</rt></ruby>	<ruby>施設<rt>し せつ</rt></ruby>：ある目的のために設けた設備。 **出例** 実施／施す
<ruby>福祉<rt>ふく し</rt></ruby>	<ruby>福祉<rt>ふく し</rt></ruby>：公的な扶助やサービスにより、社会の構成員に等しくもたらされる安定した生活や環境。
<ruby>軸<rt>じく</rt></ruby>	<ruby>軸<rt>じく</rt></ruby>：回転の中心となる棒。まきもの。棒状のもの。
<ruby>古墳<rt>こ ふん</rt></ruby>	<ruby>古墳<rt>こ ふん</rt></ruby>：土を盛って作った古代の有力者のお墓のこと。
<ruby>長寿<rt>ちょうじゅ</rt></ruby>	<ruby>長寿<rt>ちょうじゅ</rt></ruby>：ながく生きること。なが生き。 **出例** <ruby>寿<rt>ことぶき</rt></ruby>
<ruby>基礎<rt>き そ</rt></ruby>	<ruby>基礎<rt>き そ</rt></ruby>：物事を成り立たせる、大もと。土台。
<ruby>衰える<rt>おとろ</rt></ruby>	<ruby>衰える<rt>おとろ</rt></ruby>：活動力や物事の勢いが弱くなる。おちぶれる。 **出例** <ruby>衰退<rt>すいたい</rt></ruby>
<ruby>浅瀬<rt>あさ せ</rt></ruby>	<ruby>浅瀬<rt>あさ せ</rt></ruby>：川や海などのあさい場所。
<ruby>任せる<rt>まか</rt></ruby>	<ruby>任せる<rt>まか</rt></ruby>：仕事などを他の人にゆだね、代行してもらう。相手のするがままにさせておく。 **出例** <ruby>任す<rt>まか</rt></ruby>
<ruby>滝<rt>たき</rt></ruby>	<ruby>滝<rt>たき</rt></ruby>：川などの水ががけに沿って流れ落ちる場所のこと。

次の＿＿線の**カタカナ**を**漢字**に直せ。

☑ **01** <u>ソウガンキョウ</u>で野鳥を観察する。

☑ **02** 夏休みは避暑地に<u>タイザイ</u>する。

☑ **03** <u>トウキ</u>の花びんに花を生ける。

☑ **04** <u>ヨクアツ</u>された感情を解放する。

☑ **05** 気温が<u>レイカ</u>五度まで下がった。

☑ **06** 持ち主の<u>ショウダク</u>を得て公開する。

☑ **07** 母から家のカギを<u>アズ</u>かる。

☑ **08** 新事業を<u>テサグ</u>りで始める。

☑ **09** 卒業式に<u>ハオリ</u>はかまで出席した。

☑ **10** <u>ネウ</u>ちのある絵画を譲り受けた。

解答	解説

双眼鏡
そうがんきょう

双眼鏡：遠方の物体を拡大し、2個の望遠鏡で見る光学器械。
出例 双方（そうほう）

滞在
たいざい

滞在：家を離れて、ある期間よそにとどまっていること。
出例 滞る（とどこおる）

陶器
とうき

陶器：土や粉末状の鉱物を練り、焼いて作ったもの。焼き物。
出例 陶芸（とうげい）

抑圧
よくあつ

抑圧：無理におさえつけること。
出例 抑制（よくせい）

零下
れいか

零下：温度が摂氏0℃以下であること。
出例 零時（れいじ）

承諾
しょうだく

承諾：相手の依頼や申し出などを聞いて、引き受けること。

預かる
あず

預かる：物品や人の身柄を引き受けて、保管や世話をする。物事の管理や運営を任される。**出例** 預ける（あず）／預金（よきん）

手探り
てさぐ

手探り：見えないものを手先の感触でさがし求めること。確実な方法がわからないまま模索すること。**出例** 探る（さぐ）／探査（たんさ）／探訪（たんぼう）

羽織
はおり

羽織：和服で、長着の上に着る、丈が短く襟を折った衣。
出例 羽織る（はお）／機織り（はたお）

値打ち
ねう

値打ち：その物や人がもっているよさや大切さの度合い。
出例 値引き（ねび）／高値（たかね）

読み

同音・同訓異字

漢字識別

熟語の構成

部首

対義語・類義語

漢字と送りがな

四字熟語

誤字訂正

書き取り

次の＿＿線の**カタカナ**を**漢字**に直せ。

☑ **01** 運動会の**キバ**戦が楽しみだ。

☑ **02** 文化祭に家族を**ショウタイ**する。

☑ **03** **チョウコク**のように美しい横顔だ。

☑ **04** 大学でインド**テツガク**を学ぶ。

☑ **05** **テンラン**会に作品を出品する。

☑ **06** 食品の製造に**コウソ**を利用する。

☑ **07** 受付の対応が**スミ**やかだ。

☑ **08** タンポポの**ワタゲ**が風に舞う。

☑ **09** 乗り物**ヨ**いをしやすい。

☑ **10** 外は**ヨコナグ**りの雨が降っている。

解 答	解 説
騎馬 き ば	騎馬：うまに乗っている人のこと。
招待 しょうたい	招待：客をまねいてもてなすこと。 出例 手招き／招く
彫刻 ちょうこく	彫刻：ほりきざむこと。その作品。木や石、金属 などに文字や模様をほり込んだり、ほりきざんで 立体的な像に作り上げたりすること。出例 彫る
哲学 てつがく	哲学：世界や人間、物事の根本原理を追究 するがく問。
展覧 てんらん	展覧：芸術品などを並べて、一般に公開す ること。
酵素 こうそ	酵素：生体内での化学反応の触媒となる高 分子化合物。 出例 発酵
速やかだ すみ	速やかだ：はやいさま。手間取らないさま。 出例 早速
綿毛 わたげ	綿毛：わたのように柔らかい毛。わたの繊維。 出例 綿雲
酔い よ	酔う：めまいがしたり気分が悪くなったり すること。またお酒を飲んで正常な行動が とれない状態のこと。
横殴り よこなぐ	横殴り：横からなぐりつけること。風雨が 横から強く吹きつけること。乱暴にすること。 出例 殴る

書き取り⑤

次の___線の**カタカナ**を**漢字**に直せ。

☑ **01** 現地で資材を**チョウタツ**する。

☑ **02** 二段階の**ニンショウ**システムで守られている。

☑ **03** **カンジュク**トマトを食べる。

☑ **04** 会場は大**カンシュウ**で埋まった。

☑ **05** 王子が塔に**ユウヘイ**される。

☑ **06** 子どもが**テツボウ**にぶら下がる。

☑ **07** 人の自由を**ウバ**ってはいけない。

☑ **08** 市の南北を**ツラヌ**く道路を走る。

☑ **09** 演劇で人を**オド**す役をもらった。

☑ **10** 店内の装飾に工夫を**コ**らす。

解 答	解 説

調達（ちょうたつ）
調達：必要な物をそろえること。また、それを届けること。
出例 達者（たっしゃ）

認証（にんしょう）
認証：正当な手続きであることを公の機関が証明すること。コンピュータやネットワークシステムを利用する際の本人確認。出例 容認（ようにん）

完熟（かんじゅく）
完熟：果実や種子が十分にじゅくした状態になること。

観衆（かんしゅう）
観衆：催しものなどの見物に集まった大勢の人のこと。

幽閉（ゆうへい）
幽閉：人をろうなどに閉じこめて外に出さないこと。
出例 幽霊（ゆうれい）

鉄棒（てつぼう）
鉄棒：鉄を使った棒でできた体操器具の一種。
出例 相棒（あいぼう）

奪って（うば）
奪う：他者から無理やり取り上げること。

貫く（つらぬ）
貫く：最後までやり抜くこと。物の表から裏へ突き通すこと。
出例 一貫（いっかん）／貫通（かんつう）

脅す（おど）
脅す：恐れさせる。こわがらせる。
出例 脅威（きょうい）

凝らす（こ）
凝らす：意識を一つのところや物に集中させる。こり固まるようにする。
出例 凝る（こる）／肩凝り（かたこり）／凝固（ぎょうこ）

読み / 同音同訓異字 / 漢字識別 / 熟語の構成 / 部首 / 対義語・類義語 / 漢字と送りがな / 四字熟語 / 誤字訂正 / 書き取り

305

次の＿＿線の**カタカナ**を**漢字**に直せ。

☑ **01** 多くの**ギセイ**の上に平和がある。

☑ **02** 限りある時間を**ユウエキ**に使う。

☑ **03** 政治家の発言に**サンピ**両論が相次いだ。

☑ **04** 遠くの島へ**ヒョウチャク**する。

☑ **05** 各地を**ホウロウ**して故郷に戻る。

☑ **06** 保護者**ドウハン**で入学式が実施された。

☑ **07** 自分の愚かさを**サト**る。

☑ **08** 貿易自由化を**ハタジルシ**に掲げる。

☑ **09** 月末はいつも**アワ**ただしい。

☑ **10** **サムライ**が刀を抜いて向かい合う。

解　答	解　説
犠牲 ぎ せい	犠牲：戦争や災害で生命を失ったり負傷したりすること。ある目的のために身命をなげうって尽くすこと。神にささげるための生き物。
有益 ゆうえき	有益：ためになること。もうけのあること。
賛否 さん ぴ	賛否：さん成と不さん成。
漂着 ひょうちゃく	漂着：海上をただよい、目的地ではないところへ流されること。 **出例** 漂流／漂う
放浪 ほうろう	放浪：あてもなくさまよい歩くこと。 **出例** 浪費
同伴 どうはん	同伴：連れ立って行くこと。ともなうこと。 **出例** 伴奏／伴う
悟る さと	悟る：表面に現れていない真の意味をはっきりと知ること。 **出例** 覚悟
旗印 はた じるし	旗印：社会や団体などが掲げる目標のこと。 **出例** 旗
慌ただしい あわ	慌ただしい：落ち着かずせわしい様子のこと。 **出例** 慌てる／大慌て
侍 さむらい	侍：武家に仕える者。武士。主君の近くに仕える者。

次の＿＿線の**カタカナ**を**漢字**に直せ。

☑ **01** <u>トウショ</u>は参加するつもりはなかった。

☑ **02** 人としての<u>シンカ</u>が問われる場面だ。

☑ **03** 目的地までの<u>ウンチン</u>を調べる。

☑ **04** 複数の<u>アンケン</u>が同時進行している。

☑ **05** 改革案の趣旨に<u>サンドウ</u>する。

☑ **06** <u>キョウリ</u>の両親が気にかかる。

☑ **07** 出掛ける前にガスの元せんを<u>シ</u>める。

☑ **08** 読んでいた本をテーブルの上に<u>フ</u>せる。

☑ **09** 優勝するという夢が<u>フク</u>らむ。

☑ **10** 書き初めのために<u>スミ</u>をする。

解 答	解 説
とうしょ 当初	当初：物事のはじめ。そのことのはじめ。
しんか 真価	真価：真の能力や値うち。本当の値うち。 **出例** 声価
うんちん 運賃	運賃：旅客や貨物をはこぶ料金。うん送ちん。
あんけん 案件	案件：問題となっている事柄のこと。
さんどう 賛同	賛同：他人の意見などにさん成しどう意すること。
きょうり 郷里	郷里：生まれ育った土地。ふるさと。 **出例** 近郷
し 締める	締める：固く結ぶ。結んだり引っ張ったりして、ゆるまないようにする。気持ちのたるみをなくす。**出例** 締結
ふ 伏せる	伏せる：体や物などを下向きにして置くこと。病気になって寝込むこと。 **出例** 起伏
ふく 膨らむ	膨らむ：物が丸みをもって大きくなること。また、思いや希望が大きくなること。 **出例** 膨れる／膨大
すみ 墨	墨：油を燃やしてできたすすを集めて固めたもの。文房具の一種。

読 み

同音・同訓異字

漢字識別

熟語の構成

部 首

対義語・類義語

漢字と送りがな

四字熟語

誤字訂正

書き取り

次の___線の**カタカナ**を**漢字**に直せ。

☑ **01** 基本的人権が<u>ケンポウ</u>で保障されている。

☑ **02** チッチッと<u>ビョウシン</u>が時を刻む。

☑ **03** わずかな<u>ゴサ</u>が生じた。

☑ **04** 姉は輸入<u>ザッカ</u>店で働いている。

☑ **05** <u>センデン</u>の効果はすぐ現れた。

☑ **06** <u>シカク</u>を取得するため勉強に励む。

☑ **07** 決められた席に<u>スワ</u>る。

☑ **08** <u>マタギ</u>きの話はあてにならない。

☑ **09** サツマイモの天ぷらを<u>ア</u>げる。

☑ **10** つい気を<u>ユル</u>してしまった。

解答 / 解説

憲法（けんぽう）

憲法：おきてのこと。国家の根本法。
出例 憲章（けんしょう）

秒針（びょうしん）

秒針：時計の秒を表示する針。
出例 指針（ししん）

誤差（ごさ）

誤差：真の値と測定値または近似値との差。わずかな違い。

雑貨（ざっか）

雑貨：日常生活で使われるこまごまとした品物のこと。

宣伝（せんでん）

宣伝：商品の効能や主義主張などを人々に説明し、広めたり理解を求めたりすること。

資格（しかく）

資格：あることをしてよいという地位や立場。また、あることをするのに必要な条件。
出例 資質（ししつ）

座る（すわる）

座る：ひざを曲げてイスなどに腰掛けること。
出例 車座（くるまざ）／星座（せいざ）

又聞き（またぎき）

又聞き：間接的にきくこと。
出例 又貸し（またがし）

揚げる（あげる）

揚げる：あげ物を作ること。旗をあげること。気分などを高めること。

許して（ゆるして）

許す：警戒心をゆるめる。過失などをとがめないことにする。相手の願いを聞き入れる。
出例 許容（きょよう）

書き取り⑨

次の＿＿線の**カタカナ**を**漢字**に直せ。

☐ **01** 床**ダンボウ**を取り入れる。

☐ **02** 危険を**サッチ**して逃げ出す。

☐ **03** 議会では激しい**ロンセン**が繰り広げられた。

☐ **04** **ガイトウ**アンケートに協力する。

☐ **05** 長年**コウソウ**を温めてきた映画だ。

☐ **06** 発言の機会を**キントウ**に与える。

☐ **07** 先生の恩に**ムク**いるため努力する。

☐ **08** **ア**きるほど焼肉を食べた。

☐ **09** 屋根がいたみ**アマモ**りしている。

☐ **10** お盆には**ハカマイ**リをする。

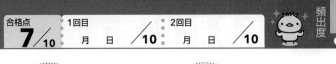
解答	解説
だんぼう 暖房	暖房：建物内や部屋の中をあたためること。また、その装置。 出例 文房具／房
さっ ち 察知	察知：見聞きしたことから推測してしること。
ろんせん 論戦	論戦：議ろんをたたかわせること。
がいとう 街頭	街頭：人通りの多いまちなか。市がい地の道路や広場のこと。 出例 街角
こうそう 構想	構想：物事の全体の内容や、それを実現する方法についての考えを組み立てること。 出例 構築／構える
きんとう 均等	均等：二つ以上のものがかたよりなく、差がないこと。
むく 報いる	報いる：受けたことに対して、ふさわしい行為を相手にする。 出例 報道／速報
あ 飽きる	飽きる：同じことが何度も続いたり、多く起こったりすることでいやになること。 出例 飽和
あま も 雨漏り	雨漏り：あま水が屋根の穴などからもれること。 出例 漏る／漏れる
は かまい 墓参り	墓参り：はかにまいって拝むこと。

読み / 同音・同訓異字 / 漢字識別 / 熟語の構成 / 部首 / 対義語・類義語 / 漢字と送りがな / 四字熟語 / 誤字訂正 / 書き取り

313

次の＿＿線の**カタカナ**を**漢字**に直せ。

☐ **01** 強豪校が<u>ジュントウ</u>に勝ち進んだ。

☐ **02** 人の<u>ソンゲン</u>を守る。

☐ **03** 会の理念を<u>ソウキ</u>する。

☐ **04** 植物の<u>ヒョウホン</u>を集めるのが趣味だ。

☐ **05** 毎月、<u>ザッシ</u>の付録を楽しみにしている。

☐ **06** <u>メイボ</u>の順に連絡をする。

☐ **07** 弟と庭で水を<u>ア</u>びて遊ぶ。

☐ **08** <u>オサナ</u>い我が子の手を握る。

☐ **09** 両者は<u>キワ</u>めて良好な関係を築いている。

☐ **10** こぼした水が机から<u>タ</u>れている。

解 答	解 説
順当 （じゅんとう）	順当：じゅん序や道理にかなっていて適切 であるさま。
尊厳 （そんげん）	尊厳：とうとくおごそかで、おかしがたい こと。
想起 （そうき）	想起：以前にあったことを思いおこすこと。
標本 （ひょうほん）	標本：生物や鉱物などを採集・保存したも の。見本。代表的な例。
雑誌 （ざっし）	雑誌：複数の筆者が書き、週刊・月刊など 定期的に刊行する出版物。
名簿 （めいぼ）	名簿：なまえや住所などを書き連ねた資料。
浴びて （あ）	浴びる：水や湯などを体にかぶる。細かい ものや光線を体に受ける。
幼い （おさな）	幼い：年齢がとても若いこと。 出例 幼心（おさなごころ）
極めて （きわ）	極める：物事の最上点に達すること。 出例 極意（ごくい）／極上（ごくじょう）
垂れて （た）	垂れる：水滴などがしたたり落ちる。ひも や布などの一部分が下がった状態になって いる。出例 垂直（すいちょく）

読み / 同音同訓異字 / 漢字識別 / 熟語の構成 / 部首 / 対義語・類義語 / 漢字と送りがな / 四字熟語 / 誤字訂正 / 書き取り

次の___線の**カタカナ**を**漢字**に直せ。

☑ **01** タイシツ的に合わない食べ物がある。

☑ **02** 夜空にホクト七星を見つける。

☑ **03** 行列にジュンジョよく並ぶ。

☑ **04** 恐ろしいビョウマに冒される。

☑ **05** コウソウマンションに住んでいる。

☑ **06** 疲れるとトウブンが欲しくなる。

☑ **07** 夏休みには毎年イナカに帰る。

☑ **08** 海のサチを使ったパスタを食べる。

☑ **09** 兵を集めて合戦にソナえる。

☑ **10** ヌノセイのおもちゃを探している。

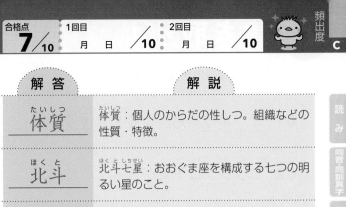

解 答	解 説

読み

体質 （たいしつ）
体質：個人のからだの性しつ。組織などの性質・特徴。

北斗 （ほくと）
北斗七星：おおぐま座を構成する七つの明るい星のこと。

順序 （じゅんじょ）
順序：一定の基準に従った並びのこと。
出例 序列

病魔 （びょうま）
病魔：びょう気のこと。
出例 魔法

高層 （こうそう）
高層：空のたかいところ。いくつもたかく階が重なること。

糖分 （とうぶん）
糖分：とう類の成分。甘み。

田舎 （いなか）
田舎：都会から離れた土地。のどかなところ。郷里。

幸 （さち）
幸：野山や海から得られた獲物のこと。また、しあわせのこと。

備える （そなえる）
備える：何らかの物事に対して前もって準びをする。必要な物をそろえておく。
✕ 供える

布製 （ぬのせい）
布製：木綿や絹など、ぬのでできていること。

読み / 同音同訓異字 / 漢字識別 / 熟語の構成 / 部首 / 対義語・類義語 / 漢字と送りがな / 四字熟語 / 誤字訂正 / 書き取り

317

次の＿＿線の**カタカナ**を**漢字**に直せ。

☐ **01** <u>オウボウ</u>な態度に腹を立てる。

☐ **02** <u>ヨクジツ</u>は予定が入っている。

☐ **03** 県議団が海外を<u>シサツ</u>する。

☐ **04** 日本人の死因の<u>トウケイ</u>をとる。

☐ **05** 主力を<u>オンゾン</u>した先発メンバーだ。

☐ **06** 名前は知っているが<u>メンシキ</u>はない。

☐ **07** 家出の<u>ワケ</u>を話してみなさい。

☐ **08** 主人公は<u>イサ</u>ましい若者だ。

☐ **09** 野菜を作るために荒れ地を<u>タガヤ</u>す。

☐ **10** 海外から日本に<u>コヅツミ</u>を送る。

解答	解説

おうぼう 横暴	横暴：力にまかせて乱ぼうな行いをすること。

よくじつ 翌日	翌日：次の日。あくる日。

しさつ 視察	視察：実際にその場に行って、状況を見極めること。 出例 視野

とうけい 統計	統計：集団を調査することでその集団の特徴を数量的に把握すること。

おんぞん 温存	温存：大切に保存しておくこと。改めないままにしておくこと。 出例 存続

めんしき 面識	面識：お互いに顔を知っていること。知り合い。 出例 見識／識別

わけ 訳	訳：細かい事情。物事の道理。 出例 内訳

いさ 勇ましい	勇ましい：活気にあふれて人を奮い立たせるさま。ゆう気があって危険を恐れないさま。

たがや 耕す	耕す：作物を作る準備のために、田畑の土を掘り返す。

こづつみ 小包	小包：こづつみ郵便物の略。ちいさなつつみ。

読み

同音同訓異字

漢字識別

熟語の構成

部首

対義語・類義語

漢字と送りがな

四字熟語

誤字訂正

書き取り

次の___線の**カタカナ**を**漢字**に直せ。

☑ **01** フンマツのだしをなべに入れる。

☑ **02** それはキジョウの空論だ。

☑ **03** 警察が指紋をサイシュする。

☑ **04** すべてはトロウに終わった。

☑ **05** 俳優がファンにアクシュを求められた。

☑ **06** 通信カイセンの速度が急に遅くなる。

☑ **07** ココロザシを高くもって努力する。

☑ **08** なつかしい友から手紙がトドいた。

☑ **09** 夕日で空がクレナイに染まる。

☑ **10** 駅前で飲食店をイトナむ。

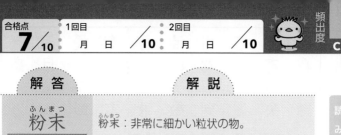
解 答	解 説
粉末 _{ふんまつ}	_{ふんまつ}粉末：非常に細かい粒状の物。
机上 _{き じょう}	_{きじょう}机上：つくえのうえ。**豆**「机」は5級配当漢字だが、「キ」は中学校で学習する読み。「机上の空論」は頭の中だけで考えた、役に立たない理論や案　**出例** 机_{つくえ}
採取 _{さいしゅ}	_{さいしゅ}採取：調査などのために、とること。 **出例** 採算_{さいさん}／採る_と
徒労 _{と ろう}	_{とろう}徒労：むだな骨折り。
握手 _{あくしゅ}	_{あくしゅ}握手：相手の手を自分の手でにぎること。 **出例** 握力_{あくりょく}／握る_{にぎ}
回線 _{かいせん}	_{かいせん}回線：電話など、通信の伝送路・線。
志 _{こころざし}	_{こころざし}志：心に決めて目指している目標。相手に対する厚意。
届いた _{とど}	_{とど}届く：送ったものが相手のところに着く。あるところに達する。 **出例** 届ける_{とど}
紅 _{くれない}	_{くれない}紅：鮮明な赤色。ベニバナの別称。 **豆**「紅」は5級配当漢字だが、「くれない」は中学校で学習する読み
営む _{いとな}	_{いとな}営む：生活のために仕事をする。忙しく仕事をする。

読み　同音・同訓異字　漢字識別　熟語の構成　部首　対義語・類義語　漢字と送りがな　四字熟語　誤字訂正　書き取り

321

四字熟語	意味
迷惑千万（めいわくせんばん）	たいへん迷惑なこと。類語に「迷惑至極」がある。
面目躍如（めんもくやくじょ）	「面目」は「めんぼく」とも読む。世間の評価にふさわしい活躍をするさま。
優柔不断（ゆうじゅうふだん）	気が弱く、ぐずぐずとして決断にとぼしいこと。類語に「意志薄弱」「薄志弱行」がある。
有名無実（ゆうめいむじつ）	名ばかりで、実質が伴わないこと。評判と実際とが違っていること。
勇猛果敢（ゆうもうかかん）	勇ましくて決断力が強く、屈しないこと。類語に「進取果敢」がある。
油断大敵（ゆだんたいてき）	注意を怠れば必ず失敗を招くから警戒せよという戒め。類語に「油断強敵」がある。
用意周到（よういしゅうとう）	心づかいがゆきとどいて手抜かりのないこと。
容姿端麗（ようしたんれい）	姿、形がきちんと整っていて美しいこと。
利害得失（りがいとくしつ）	利益になることと、損害になること。「利害」「得失」は、ほぼ同じ意味。
力戦奮闘（りきせんふんとう）	力いっぱい努力すること。
離合集散（りごうしゅうさん）	離れたり集まったりする。また、そのくりかえし。
立身出世（りっしんしゅっせ）	社会的な地位を確立して名をあげること。
流言飛語（りゅうげんひご）	世間で言いふらされている、根拠のないうわさ話。
粒粒辛苦（りゅうりゅうしんく）	米を作る農民のつらさの一通りでないこと。転じて、こつこつと努力や苦労をすること。
臨機応変（りんきおうへん）	その場に臨み変化に応じて最も適当な手段をほどこすこと。そのさま。
老成円熟（ろうせいえんじゅく）	経験が豊富で、人格、知識、技能などが十分に熟練して、豊かな内容を持っていること。
炉辺談話（ろへんだんわ）	いろりのそばで、くつろいでする、よもやま話。
和敬清寂（わけいせいじゃく）	茶道の精神を表す言葉。「和敬」は主人と客の心の持ち方の心得、「清寂」は茶室や茶道具などに関連する心得のこと。
和魂洋才（わこんようさい）	日本固有の精神を持ちながら西洋の学問をそなえ持つこと。類語に「和魂漢才」がある。

熟語	読み	意味
複雑怪奇	ふくざつかいき	いろいろなことが込み入って混乱しているため、全体として怪しく不思議なようす。
複雑多岐	ふくざつたき	多くのことが込み入っていて多方面にわたっているさま。類語に「複雑多様」がある。
物情騒然	ぶつじょうそうぜん	世間、世人がおだやかでなく物騒な状態。
不眠不休	ふみんふきゅう	眠らず、休まないこと。期限の間際など、せっぱつまった状態のときに懸命に努めるさま。
不老長寿	ふろうちょうじゅ	いつまでも年をとらず、長生きすること。類語に「長生不死」「不老不死」がある。
奮励努力	ふんれいどりょく	目標を立てて一心に当たる心構え。
平穏無事	へいおんぶじ	おだやかで、これといったこともなく安らかなこと。類語に「無事息災」がある。
平身低頭	へいしんていとう	頭を下げて、恐れ入ること。ひたすら謝ること。
変幻自在	へんげんじざい	出没や変化が自由自在であること、またそのようす。類語に「千変万化」「変幻出没」がある。
片言隻句	へんげんせきく	わずかな言葉。ちょっとした短い言葉。類語に「片言隻語」「一言半句」がある。
片言隻語	へんげんせきご	わずかな言葉。「片言隻句」に同じ。
本末転倒	ほんまつてんとう	根本的で重要な事柄と小さくつまらない事柄を取り違えること。類語に「主客転倒」がある。
漫言放語	まんげんほうご	勝手なことを言い散らすこと。言いたい放題。
無我夢中	むがむちゅう	物事に熱中して自分を忘れ、他のことを顧みないこと。
無病息災	むびょうそくさい	病気をせず健康で、また災害がなく無事。「息災」は仏の力で災いを止めること。
無味乾燥	むみかんそう	少しもおもしろみや味わいのないこと。「無味」は趣がない、「乾燥」はうるおいがない。
明鏡止水	めいきょうしすい	くもりのない鏡と静かな水面。転じて、心にくもりがなく静かに落ち着いているさま。
名実一体	めいじついったい	表向きの評判と内容が一致していること。
明朗快活	めいろうかいかつ	明るく元気で、ほがらかであるさま。
名論卓説	めいろんたくせつ	格調高い議論ととりわけすぐれた意見。類語に「高論卓説」「高論名説」がある。

四字熟語	意味
得意満面（とくいまんめん）	顔いっぱいに、誇らしい気持ちが表れること。
独断専行（どくだんせんこう）	他の人に相談しないで自分一人で判断し、自分の思うまま勝手に実行すること。
難攻不落（なんこうふらく）	守りが堅く攻め落としにくい。転じて、相手がなかなかこちらの思い通りにならないこと。
二者択一（にしゃたくいつ）	二つの中から一つを選ぶこと。類語に「二者選一」がある。
二束三文（にそくさんもん）	二束でわずか三文の意。多く捨て売りの場合の値段をいう。「二束」は「二足」とも書く。
日常茶飯（にちじょうさはん）	普段の食事。転じて、ありふれた平凡なものごと。
日進月歩（にっしんげっぽ）	絶えず進歩すること。とどまることなく急速に進歩すること。
破顔一笑（はがんいっしょう）	顔をほころばせて笑うこと。
博学多才（はくがくたさい）	広く学問に通じ、多方面にすぐれた才能を持っていること。対義語に「浅学非才」がある。
薄志弱行（はくしじゃっこう）	意志が弱くて実行力が足りないこと。類語に「意志薄弱」「優柔不断」がある。
博覧強記（はくらんきょうき）	ひろく書物を読み、そのことを記憶していること。「博覧」は物事をよく聞き知る、「強記」は記憶力が強い。類語に「博聞強記」がある。
馬耳東風（ばじとうふう）	他人からの意見や批判に無関心で注意を払わないこと。「東風」は心地よい春風。
波乱万丈（はらんばんじょう）	物事の変化がきわめて激しいこと。
美辞麗句（びじれいく）	美しく飾ったたくみな言葉。主にお世辞を言うための言葉や言いまわし。
百家争鳴（ひゃっかそうめい）	多くの学者が自由に論争すること。
百鬼夜行（ひゃっきやこう）	いろいろな化け物が夜になると動きまわる。転じて、悪人どもが自分勝手なふるまいをすること。「夜行」は「やぎょう」とも読む。
品行方正（ひんこうほうせい）	行い、行状がきちんとして正しいこと。類語に「聖人君子」がある。
不朽不滅（ふきゅうふめつ）	永遠に滅びないこと。

適者生存	治乱興亡	直情径行	昼夜兼行	単刀直入	単純明快	暖衣飽食	多岐亡羊	大同小異	大胆不敵
てきしゃせいぞん	ちらんこうぼう	ちょくじょうけいこう	ちゅうやけんこう	たんとうちょくにゅう	たんじゅんめいかい	だんいほうしょく	たきぼうよう	だいどうしょうい	だいたんふてき

適者生存 環境に適した者が生き残り、適さない者はほろびること。

治乱興亡 世の中がよく治まることと、乱れて亡ぶこと。

直情径行 感情のおもむくままに行動に移すこと。「直」も「径」もまっすぐの意。

昼夜兼行 昼も夜も休まずに進むこと。転じて、物事を続けて行うこと。類語に「不眠不休」がある。

単刀直入 たった一本の刀で敵の中に切り込むことから、前置きなしにいきなり要点に入ること。

単純明快 はっきりして、わかりやすいこと。筋道が通っていて内容がよくわかること。

暖衣飽食 暖かい服を着て、十分に食べること。なんの不足もない恵まれた生活。

多岐亡羊 方針が多すぎてどうしたらよいのか迷うこと。「多岐」はたくさんの分かれ道の意味。

大同小異 多少の違いはあるが、ほぼ同じであること。似たり寄ったりであること。類語に「同工異曲」がある。

大胆不敵 度胸がすわっていて敵をまったく恐れないさま。

同床異夢	同工異曲	当意即妙	天変地異	電光石火	天下無双	天衣無縫
どうしょういむ	どうこういきょく	とういそくみょう	てんぺんちい	でんこうせっか	てんかむそう	てんいむほう

同床異夢 いっしょに暮らしてはいるが、別々のことを考えている状態。また同じ仕事にたずさわりながら目標などが異なっていること。

同工異曲 てぎわや技巧は同じだが、趣や味わいが違う。転じて、見かけは違うようでも同じ手法であること。類語に「異曲同工」「大同小異」がある。

当意即妙 その場にふさわしいタイミングで即座の機転をきかすこと。

天変地異 雷、暴風、地震など、自然界に起こる異変。類語に「天災地変」がある。

電光石火 稲妻の光と火打ち石を打って出る火花。非常に短い時間。また、動作がきわめて速いこと。

天下無双 天下に並び立つ人物がいないほど優れていること。また、優れている人。

天衣無縫 天人の衣には人工的な縫い目がないことから、詩文などで技巧の跡がなく、自然に見えながら完成度の高いこと。

浅学非才	千客万来	前後不覚	千載一遇	千差万別	千紫万紅	全身全霊	前人未到	前途有望	千変万化

千変万化
「千変」は「せんぺん」とも読む。さまざまに変化すること。類語に「変幻自在」がある。

前途有望
将来成功する見込みが大きいこと。類語に「前途洋洋」がある。

前人未到
今までだれも到達していないこと。「未到」は「未踏」とも書く（足を踏み入れていない意）。

全身全霊
体力と気力のすべて。その人の身も心もすべて。

千紫万紅
色彩豊かで、さまざまな花が咲きほこっていること。「千」「万」は数が多いことを表す。

千差万別
いろいろなものそれぞれに相違や差異があること。「万別」は「まんべつ」とも読む。

千載一遇
またとないよい機会のこと。「千載」は年の意味で「千載」は千年の意味。

前後不覚
物事の後先の判断がつかなくなるほど正気を失うこと。類語に「人事不省」がある。

千客万来
「千客」は「せんかく」とも読む。多くの客が絶え間なく訪れること。

浅学非才
学識が浅く未熟であること。対語に「博学多才」がある。

先憂後楽
先に心配事・苦痛に思うことをかたづけ、楽しみは後回しにすること。

千慮一失
知者が、どんなに入念に考えたことでも、一つぐらいは失敗や間違いがあるということ。対語に「愚者一得」がある。

創意工夫
ものを新たに考え出し、いろいろな手段をめぐらすこと。

相乗効果
複数の原因が重なり、個々に得られる以上の結果を生じること。

則天去私
自然の道理に従い、小さな自分を捨てて崇高に生きること。「天に則り私を去る」とも読む。

率先垂範
先頭に立って行動し模範を示すこと。「垂範」は先に立って行動する。「率先」は手本を示す。

大器晩成
偉大な人物は、若いころは目立たず、じょじょに実力を養い、晩年に大成するということ。

大義名分
ある行為をするための根拠となる正当な理由。

大山鳴動
騒ぎは非常に大きいが、結果は意外に小さいことのたとえ。「大山鳴動して鼠一匹」ともいう。

326　［巻末42］

信賞必罰	神出鬼没	深山幽谷	真剣勝負	心機一転	思慮分別	支離滅裂	諸説紛紛	焦熱地獄	小心翼翼
しんしょうひつばつ	しんしゅつきぼつ	しんざんゆうこく	しんけんしょうぶ	しんきいってん	しりょふんべつ	しりめつれつ	しょせつふんぷん	しょうねつじごく	しょうしんよくよく
賞罰を厳正にすること。功労のある者には必ず賞を与え、罪を犯した者は必ず罰する。	すばやく、自由自在に、現れたり隠れたりすること。所在が容易につかめないさま。	人里を離れた奥深い山々や、物の形がはっきりしないほど深い谷。	本気で勝負すること。本気で物事にとりくむこと。	あることを契機にして、気持ちをすっかり入れ替えて出直すこと。	物事を慎重に考えて判断すること。類語に「熟慮断行」がある。	ばらばらで、まとまりがないこと。一貫性がないこと。類語に「四分五裂」がある。	いろいろな説や意見が入り乱れ、まとまりがつかないさま。	仏教の地獄の一つで、生前に殺人や盗み、飲酒などの罪を犯したものが落とされる。	気が小さくて、いつもびくびく恐れているさま。

是非曲直	清廉潔白	生殺与奪	晴耕雨読	酔生夢死	新陳代謝	人跡未踏	新進気鋭	針小棒大
ぜひきょくちょく	せいれんけっぱく	せいさつよだつ	せいこううどく	すいせいむし	しんちんたいしゃ	じんせきみとう	しんしんきえい	しんしょうぼうだい
物事の善悪。正と不正。	心が清く、不正をするような後ろめたいところがないさま。類語に「青天白日」がある。	生かすも殺すも、奪うも与えるも、思いのままであること。「生殺与奪の権」と用いる。絶対的権力。類語に「活殺自在」がある。	晴れた日は田畑の仕事、雨が降れば家にこもって読書という、気の向くままの生活のこと。	酒に酔い、夢心地で一生を過ごす意から、何もせずにぼんやりと、むだに一生を送ること。	古いものと新しいものが入れ替わること。組織の若返りなどにもいう。	いまだかつて、人が足をふみ入れたことのないこと。	新たに参加したてで非常に意気込み、勢いが盛んなこと。また、その人。	針のように小さなことを、棒ほどもあるように大きくいう。

四字熟語	読み	意味
四海兄弟	しかいけいてい	世界中の人々は兄弟のように仲良くすべきだということ。
自画自賛	じがじさん	自分で自分のことをほめること。
試行錯誤	しこうさくご	試みと失敗をくりかえしながら適切な方法を見つけること。
事実無根	じじつむこん	根も葉もないこと。でたらめ。
志操堅固	しそうけんご	正しいと信じる主義や志がしっかりと定まっていて、容易にはくずれないこと。
舌先三寸	したさきさんずん	口先でうまいことを言って誠実さに欠け、中身がないこと。
七転八倒	しちてんばっとう	苦痛のためにのたうちまわること。
失望落胆	しつぼうらくたん	希望を失って、非常にがっかりすること。
四分五裂	しぶんごれつ	ばらばらに分裂していること。秩序がなく、乱れている様子。
自暴自棄	じぼうじき	失敗や不満などがあって将来に希望が持てず、自分自身を粗末にし、すてばちになること。
縦横無尽	じゅうおうむじん	自由自在で、思う存分にふるまうこと。類語に「自由自在」「縦横自在」がある。
終始一貫	しゅうしいっかん	主張や態度、行動が始めから終わりまで変わらないこと。類語に「首尾一貫」がある。
衆人環視	しゅうじんかんし	多くの人が取り巻いて見ていること。物事が自分の下にさらされることについてもいう。
主客転倒	しゅかくてんとう	「主客」とは、主人と客人の意味。転じて、物事の立場や順序が逆転してしまうこと。
熟慮断行	じゅくりょだんこう	じっくり考えた上で思い切って実行すること。
取捨選択	しゅしゃせんたく	必要なものを取り、不必要なものを捨てて選び取ること。
首尾一貫	しゅびいっかん	一つの方針や態度を貫き通し、始めと終わりで矛盾しないさま。類語に「終始一貫」がある。
順風満帆	じゅんぷうまんぱん	帆に追い風を一杯受けて、船が快調に進むこと。転じて、物事がすべて順調に進むこと。
上意下達	じょういかたつ	上の者の命令や意志を、下の者によく徹底させること。
笑止千万	しょうしせんばん	非常にばかばかしいこと。「笑止」はばかばかしいこと。「千万」はこの上なくひどいこと。

好機到来 こうきとうらい	ちょうどよい機会がくること。絶好の機会に恵まれること。
巧言令色 こうげんれいしょく	言葉を飾って口先だけの言葉を言ったり顔色をつくろったりして、相手にへつらうこと。
公私混同 こうしこんどう	仕事など公的にかかわっていることと、プライベートなことを区別しないこと。
公序良俗 こうじょりょうぞく	公共の秩序と、善良な風俗。
公平無私 こうへいむし	すべての判断、行動などがかたよらず、個人的な感情、利益などをいっさい加えないさま。類語に「公明正大」「公正平等」がある。
高論卓説 こうろんたくせつ	すぐれた意見、論説のこと。「卓」は抜きんでている意。
孤軍奮闘 こぐんふんとう	孤立した中で少人数で必死に戦うこと。だれの援助も受けず、独りで懸命にがんばるさま。
古今東西 こことうざい	いつでも、どこでも。「古今」は昔から今まで（いつでも）、「東西」は東も西も（どこでも）。
古今無双 こんこんむそう	昔から今に至るまで、他に比列するものがないという意。類語に「海内無双」がある。

孤城落日 こじょうらくじつ	孤立無縁の城に沈む夕日がさし込んでいる光景。勢力も傾き、助けもこない心細いさま。
故事来歴 こじらいれき	古くから伝わる物事のいわれや経過の次第。「故事」は昔から伝わる話。「古事」とも書く。
刻苦勉励 こっくべんれい	非常に苦労して、勉学や仕事につとめはげむこと。類語に「刻苦精励」がある。
固定観念 こていかんねん	心中にこり固まっていて、その人の思考や行動をしばるような考え。
鼓舞激励 こぶげきれい	気持ちを奮い立たせて励ますこと。元気づけること。類語に「叱咤激励」がある。
孤立無援 こりつむえん	独りぼっちで、だれも手を差しのべてくれない状態。類語に「孤軍奮闘」がある。
困苦欠乏 こんくけつぼう	生活に必要なものが不足して苦しむこと。
言語道断 ごんごどうだん	あまりのひどさにあきれて言葉も出ない、言葉にならないこと。
才色兼備 さいしょくけんび	すぐれた才知と美ぼうを兼ね備えている女性。「才色」は「さいしき」「さいそく」とも読む。
三寒四温 さんかんしおん	冬から初春にかけて、寒い日が三日続いたのち暖かい日が四日続き、これを繰り返すこと。

四字熟語	意味
急転直下（きゅうてんちょっか）	事態や情勢が急に変化し、物事が解決し決着に向かうこと。
狂喜乱舞（きょうきらんぶ）	非常に喜ぶさま。
驚天動地（きょうてんどうち）	天を驚かし、地を動かす意で、世間を大いに驚かすこと。
器用貧乏（きようびんぼう）	器用なためにあれこれと手を出して一事に徹底できず、大成しないこと。
玉石混交（ぎょくせきこんこう）	すぐれたものと劣ったものが入りまじっていること。
挙措動作（きょそどうさ）	身のこなし、立ち居振る舞いのこと。
議論百出（ぎろんひゃくしゅつ）	多くの意見が議論されること。
金科玉条（きんかぎょくじょう）	金や玉のように大切な法律。一番重要な規則。一番大切な法律。
金城鉄壁（きんじょうてっぺき）	金や鉄で造ったような城壁を持つ堅固な城。転じて物事が非常に堅固であることのたとえ。類語に「金城湯池」「難攻不落」がある。
空前絶後（くうぜんぜつご）	過去に例がなく、この先も起こりそうにない非常にめずらしいさま。類語に「前代未聞」がある。
空中楼閣（くうちゅうのろうかく）	空中に築いた立派な建物の意で、本来は「しんきろう」のこと。転じて、現実性のないことのたとえ。類語に「砂上楼閣」がある。
九分九厘（くぶくりん）	ほぼ間違いないこと。ほとんど確実にそうなること。
鯨飲馬食（げいいんばしょく）	鯨のように多くの酒を飲み、馬のように多く食べるさま。類語に「牛飲馬食」がある。
鶏口牛後（けいこうぎゅうご）	「鶏口となるも牛後となるなかれ」と同じ。大きなものの後ろにつくよりは、小さなものの頭になるべきだの意。
言行一致（げんこういっち）	言葉と行動が食い違わないこと。「言行」は言うことと行うこと。類語に「有言実行」がある。
権謀術数（けんぼうじゅっすう）	人をあざむくたくらみやはかりごと。物事にとらわれ
行雲流水（こううんりゅうすい）	空を行く雲と流れ行く水。物事にとらわれず自然のままに身をゆだねて生きること。

音吐朗朗（おんとろうろう）
声などが豊かでさわやかなこと。

外郭団体（がいかくだんたい）
国や地方の公共機関・組織の外部にあるが、公共機関と連携しながらその活動や事業を支援する団体のこと。

皆既日食（かいきにっしょく）
太陽と地球の間に月が来ることで、地球からみた太陽が月によって覆われる日食と呼ばれる現象の一種。地球から見た月の見かけの大きさが、地球から見た太陽の見かけの大きさより大きい場合に起こり、太陽は月に完全に隠れる。

怪力乱神（かいりきらんしん）
人知の及ばないふしぎな現象や、超自然的な物事の存在のたとえ。「怪力」は「かいりょく」とも読む。

花鳥風月（かちょうふうげつ）
自然の美しい景色や風流な遊びのこと。

活殺自在（かっさつじざい）
他人を自分の思いどおりに扱うこと。

我田引水（がでんいんすい）
自分の田へ水を引くこと。転じて、自分の都合のよいように言ったり、したりすること。

夏炉冬扇（かろとうせん）
夏の火ばちと冬の扇の意。時節に合わず、役に立たないもの。類語に「冬扇夏炉」がある。

感慨無量（かんがいむりょう）
言葉では言い表せないほど、胸いっぱいにしみじみと感じ入ること。

緩急自在（かんきゅうじざい）
速度などをゆるめたり、引き締めたり、思いのままにすること。

気炎万丈（きえんばんじょう）
炎が燃え上がるように、大いに意気を上げること。「万丈」は非常に高く上がること。

危機一髪（ききいっぱつ）
髪の毛一本ほどのほんのわずかな違いで、非常に危険な状態になりそうな瞬間、状況。

危急存亡（ききゅうそんぼう）
危険が迫っていて、生き残るかほろびるかのせとぎわのこと。

起死回生（きしかいせい）
今にも死にそうな病人を生き返らせること。また、崩壊寸前の状態から好転させること。

喜色満面（きしょくまんめん）
うれしそうな表情が顔いっぱいにあふれているようす。「色」は表情やようすの意。

疑心暗鬼（ぎしんあんき）
疑う心があると、なんでもないことまで怪しく感じられるようになること。

奇想天外（きそうてんがい）
普通の人には思いつかないような、きわめて奇抜な考え。

喜怒哀楽（きどあいらく）
喜び、怒り、哀しみ、楽しみのこと。

意味深長	一刀両断	一石二鳥	一視同仁	一件落着	一挙両得	一挙一動	一騎当千	一喜一憂
いみしんちょう	いっとうりょうだん	いっせきにちょう	いっしどうじん	いっけんらくちゃく	いっきょりょうとく	いっきょいちどう	いっきとうせん	いっきいちゆう
人の言動や詩文などが奥深い意味を持っていること。裏に別の意味が隠されていること。	「両断」は「両段」とも書く。一太刀で物を真っ二つに切ること。ためらわず、すばやく物事を処理したり、解決したりすること。類語に「一剣両段」がある。	一つの石を投げて二羽の鳥を撃ち落とす意から、一つの行為で二つの利益をあげること。	差別することなく、すべての人を見て愛することなく、すべての人を見て愛すること。区別なく接すること。	事件や課題など、物事が解決すること。	一つの行為で二つの利益をあげること。「一挙」は「一つの動作。類語に「一石二鳥」がある。	ひとつひとつのふるまい、動作。また、ちょっとしたしぐさのこと。	一人の騎兵が千人の敵を相手に戦うほど、強い力を持っていること。	状況が変化するたびに喜んだり心配したりすること。

温故知新	汚名返上	円転滑脱	遠交近攻	栄枯盛衰	雲散霧消	有為転変	因果応報
おんこちしん	おめいへんじょう	えんてんかつだつ	えんこうきんこう	えいこせいすい	うんさんむしょう	ういてんぺん	いんがおうほう
古いものをたずね求めて新たな事柄の意味を知ること。「温」はたずね求める。「故きを温ねて新しきを知る」とも読む。	着せられた汚名をそそいで、名誉を回復すること。	なめらかでよく変化し、自由自在なこと。物事がすらすらと運んで、とどこおらないこと。	遠くの国と仲良くし、近くの国を挟み撃ちして攻める策。	人や家が栄えたり衰えたりすること。類語に「栄枯浮沈」がある。	雲や霧が風や太陽の光にあたって消え失せるように、あとかたもなく消えてなくなること。	この世の中は激しく移り変わり、しばらくも一定の状態にないこと。また、この世が無常ではかないことのたとえ。「転変」は「てんべん」とも読む。類語に「諸行無常」がある。	過去における善悪の業に応じて現在における幸不幸の果報を生ずること。

四字熟語

四字熟語の問題では、前半か後半のどちらか二字が問われます。どちらを問われても答えられるようにしっかりと覚えましょう。

四字熟語	意味
暗雲低迷（あんうんていめい）	前途多難な状態が続くこと。また、雲が低くたれこめ、なかなか晴れそうにないこと。
悪口雑言（あっこうぞうごん）	口にまかせていろいろな悪口を言うこと。また、その言葉。
悪戦苦闘（あくせんくとう）	強敵に対する非常に苦しい戦い。転じて、困難に打ち勝とうと苦労しながら努力すること。
悪事千里（あくじせんり）	とかく悪い行いや評判は、すぐに広範囲に知れわたるということ。
悪逆無道（あくぎゃくむどう）	人として行う道に、はなはだしくそむいた、悪い行い。「無道」は「ぶどう」「ぶとう」とも読む。類語に「極悪非道」がある。
青息吐息（あおいきといき）	心配や苦労のあまり心身ともに弱ったときに吐くため息。また、ため息の出るような状態。
意気消沈（いきしょうちん）	元気がなくしょげ返っていること。失望してがっかりしていること。
意気衝天（いきしょうてん）	元気がよく天を衝かんばかりに、勢いがよいこと。意気込み盛んなこと。
意気投合（いきとうごう）	心持ちが互いにぴったりと合い、一つになること。
意気揚揚（いきようよう）	勢いがあり、威勢がよいさま。誇らしげにふるまうこと。類語に「意気衝天」「意気軒昂」がある。
異口同音（いくどうおん）	「異口」は「いこう」とも読む。大勢の人が口をそろえて同じことを言う。意見が一致する。
以心伝心（いしんでんしん）	考えや思っていることが言葉を使わずに、互いの心から心に伝わること。
異体同心（いたいどうしん）	体は別でも心は固く一つに結ばれていること。それほどに関係が深いこと。
一日千秋（いちじつせんしゅう）	待ち遠しいことのたとえ。一日が千年のように感じられること。
一病息災（いちびょうそくさい）	多少気になるくらいの軽い病気を持っていたほうが、無理をせず長生きするということ。
一部始終（いちぶしじゅう）	物事の始めから終わりまで、すべてのこと。

12 ワ	14	13	12	10
湾	漏	楼	廊	浪
音[ワン]	訓[もる][もれる][もらす]　音[ロウ]	音[ロウ]	音[ロウ]	音[ロウ]
さんずい シ	さんずい シ	木 きへん	广 まだれ	さんずい シ
読 湾曲 わんきょく 書 湾岸 わんがん・港湾 こうわん	読 漏電 ろうでん・脱漏 だつろう・遺漏 いろう・漏水 ろうすい 書 雨漏り あまもり・水が漏る みずがもる	読 楼閣 ろうかく・楼門 ろうもん・鐘楼 しょうろう 四 空中楼閣 くうちゅうろうかく	読 画廊 がろう 書 廊下 ろうか	読 波浪 はろう 書 浪費 ろうひ・放浪 ほうろう

励

音[レイ]　訓[はげ(む)][はげ(ます)]

部首：ちから　力

読　激励・励行・精励
四　奮励努力・鼓舞
書　励み
送　はげます　▼励ます

厘

音[リン]

部首：がんだれ　厂

四　九分九厘（くぶくりん）

糧

音[リョウ]　訓[かて]高[ロウ]高

部首：こめへん　米

読　食糧・糧にして（かてにして）

陵

音[リョウ]　訓[みささぎ]高

部首：こざとへん　阝

読　丘陵（きゅうりょう）

猟

音[リョウ]

部首：けものへん　犭

読　猟師・狩猟（りょうし・しゅりょう）

了

音[リョウ]

部首：はねぼう　亅

読　魅了・了解（みりょう・りょうかい）

炉

音[ロ]

部首：ひへん　火

読　暖炉（だんろ）
書　香炉・原子炉・炉端（こうろ・げんしろ・ろばた）
四　炉辺談話・夏炉冬扇（ろへんだんわ・かろとうせん）

錬

音[レン]

部首：かねへん　金

読　鍛錬・製錬（たんれん・せいれん）

廉

音[レン]

部首：まだれ　广

読　廉価・清廉・破廉恥・廉売
四　清廉潔白（せいれんけっぱく）

裂

音[レツ]　訓[さ(く)][さ(ける)]

部首：ころも　衣

読　決裂・破裂・分裂
四　四分五裂・支離滅裂
送　さける　▼裂ける

霊

音[レイ][リョウ]高　訓[たま]高

部首：あめかんむり　雨

読　霊峰・幽霊
四　全身全霊
書　霊峰（れいほう）・幽霊（ゆうれい）

零

音[レイ]

部首：あめかんむり　雨

読　零細・零落
書　零下（れいか）

幽 9 ユ

音[ユウ]

幺 いとがしら

読 幽玄・幽谷
書 幽霊・幽閉
四 深山幽谷

誘 14

訓音[ユウ][さそ(う)]

言 ごんべん

読 勧誘・誘致・誘導
書 誘惑・誘発
送 さそい▼誘い

憂 15

訓音[ユウ][うれ(える)][うれ(い)][う(い)高]

心 こころ

読 憂慮・憂う
四 一喜一憂・先憂後楽

揚 12 ヨ

訓音[ヨウ][あ(げる)][あ(がる)]

扌 てへん

読 抑揚・浮揚・高揚・掲揚・旗揚げ・水揚げ
四 意気揚揚
送 あげる▼揚げる

揺 12

訓音[ヨウ][ゆ(れる)][ゆ(る)][ゆ(らぐ)][ゆ(する)][ゆ(さぶる)][ゆ(すぶる)]

扌 てへん

読 揺する
書 動揺
送 ゆらぐ▼揺らぐ

擁 16

音[ヨウ]

扌 てへん

読 擁護・擁立・抱擁

抑 7

訓音[ヨク][おさ(える)]

扌 てへん

書 抑揚・抑制・抑える
読 抑圧

裸 13 ラ

訓音[ラ][はだか]

衤 ころもへん

読 赤裸裸・裸子・裸像
書 丸裸・裸

濫 18

音[ラン]

氵 さんずい

読 濫獲・濫読・濫伐・濫費
四 職権濫用

吏 6 リ

音[リ]

口 くち

読 官吏・能吏

隆 11

音[リュウ]

阝 こざとへん

読 隆起・隆盛・興隆

21 マ	18	7	14	16	16
魔	翻	没	墨	謀	膨

膨 16
音[ボウ]　訓[ふく(らむ)][ふく(れる)]
にくづき　月
読　膨大・膨張
送　▼膨らむ

謀 16
音[ボウ][ム][高]　訓[はか(る)][高]
ごんべん　言
読　無謀・謀略・策謀
四　権謀術数

墨 14
音[ボク]　訓[すみ]
つち　土
読　墨守・墨絵
書　墨

没 7
音[ボツ]
さんずい　シ
読　埋没・出没
書　水没・没頭・没収
四　神出鬼没

翻 18
音[ホン]　訓[ひるがえ(る)][高][ひるがえ(す)][高]
はね　羽
読　翻訳・翻意
送　ひるがえす　▼翻す

魔 21 マ
音[マ]
おに　鬼
書　病魔・邪魔

8	13 メ	15 ミ	2	14	10
免	滅	魅	又	膜	埋

埋 10
音[マイ]　訓[う(める)][う(まる)][う(もれる)]
つちへん　土
読　埋没・埋設・埋葬・穴埋め
書　埋蔵
送　うもれる　▼埋もれる

膜 14
音[マク]
にくづき　月
読　角膜・粘膜

又 2
訓[また]
また　又
書　又聞き

魅 15 ミ
音[ミ]
きにょう　鬼
読　魅惑・魅了・魅力

滅 13 メ
音[メツ]　訓[ほろ(びる)][ほろ(ぼす)]
さんずい　シ
読　幻滅・絶滅
書　点滅・滅亡
四　不朽不滅・支離滅裂
送　ほろびる　▼滅びる

免 8
音[メン]　訓[まぬか(れる)][高]
ひとあし　にんにょう　儿
読　放免・免許・免状・御免
書　免許・免除・免税
四　無罪放免

11	10	9	8	7	7
崩	倣	胞	奉	邦	芳
訓[くず(れる)][くず(す)] 音[ホウ]	訓[なら(う)]高 音[ホウ]	音[ホウ]	訓[たてまつ(る)]高 音[ホウ・ブ]	音[ホウ]	訓[かんば(しい)]高 音[ホウ]
やま 山	にんべん イ	にくづき 月	だい 大	おおざと 阝	くさかんむり サ
読 崩壊・崩御・雪崩 書 崩落・山崩れ 送 くずれる▼崩れる	書 模倣 送 ならう▼倣う	書 胞子・細胞	読 奉仕・信奉 書 奉納	読 本邦・邦楽・友邦・異邦人 書 邦人	読 芳名 書 芳香

9	8	7	4	16	13
某	房	妨	乏	縫	飽
音[ホウ]	訓[ふさ] 音[ホウ]	訓[さまた(げる)] 音[ホウ]	訓[とぼ(しい)] 音[ホウ]	訓[ぬ(う)] 音[ホウ]	訓[あ(きる)][あ(かす)] 音[ホウ]
き 木	とだれ とかんむり 戸	おんなへん 女	はらいぼう ノ	いとへん 糸	しょくへん 食
読 某所・某日	読 子房 書 暖房・房	読 妨害 送 さまたげる▼妨げる	読 耐乏・欠乏 書 貧乏 四 器用貧乏・困苦欠乏 送 とぼしい▼乏しい	読 縫合・裁縫・縫製 書 縫う 四 天衣無縫	読 飽食・暖衣飽食 四 暖衣飽食 送 あきる▼飽きる

18	6	9	11	9　**フ**	8
覆	伏	封	符	赴	苗

覆（18）
音［フク］　訓［おお(う)］［くつがえ(す)］（高）［くつがえ(る)］（高）
部首 おおいかんむり（西）
書 う
読 転覆・覆面
送 おおい▼覆い・おおう▼覆う

伏（6）
音［フク］　訓［ふ(せる)］［ふ(す)］
部首 にんべん（イ）
書 起伏
読 伏線・潜伏・屈伏
送 ふせる▼伏せる

封（9）
音［フウ］［ホウ］
部首 すん（寸）
書 封鎖・封印・素封家
読 完封・密封・封じる・開封

符（11）
音［フ］
部首 たけかんむり（竹）
書 切符
読 符合

赴（9）　**フ**
音［フ］　訓［おもむ(く)］
部首 そうにょう（走）
四 赴任
読 単身赴任
送 おもむく▼赴く

苗（8）
音［ビョウ］（高）　訓［なえ］［なわ］
部首 くさかんむり（艹）
書 苗
読 苗代（なわしろ）・早苗（さなえ）・苗床（なえどこ）

19	14	12　**ホ**	18　**へ**	15	10
簿	慕	募	癖	墳	紛

簿（19）
音［ボ］
部首 たけかんむり（竹）
書 名簿
読 帳簿（ちょうぼ）

慕（14）
音［ボ］　訓［した(う)］
部首 したごころ（小）
送 したう▼慕う
読 敬慕（けいぼ）・恋慕（れんぼ）

募（12）　**ホ**
音［ボ］　訓［つの(る)］
部首 ちから（力）
書 募金（ぼきん）・募る（つのる）
読 応募（おうぼ）・公募（こうぼ）・急募（きゅうぼ）・募集（ぼしゅう）

癖（18）　**へ**
音［ヘキ］　訓［くせ］
部首 やまいだれ（广）
書 潔癖（けっぺき）・習癖（しゅうへき）・難癖（なんくせ）
読 癖（くせ）・口癖（くちぐせ）

墳（15）
音［フン］
部首 つちへん（土）
書 墳墓（ふんぼ）
読 古墳（こふん）

紛（10）
音［フン］　訓［まぎ(れる)］［まぎ(らす)］［まぎ(らわす)］［まぎ(らわしい)］
部首 いとへん（糸）
読 紛れる（まぎれる）
書 紛争（ふんそう）・紛失（ふんしつ）・内紛（ないふん）
四 諸説紛紛（しょせつふんぷん）

	16	6	6	7	10	18
漢字	縛	伐	帆	伴	畔	藩
音訓	音[バク] 訓[しば(る)]	音[バツ]	音[ハン] 訓[ほ]	音[ハン][バン] 訓[ともな(う)]	音[ハン]	音[ハン]
部首	糸 いとへん	イ にんべん	巾 きんべん・はばへん	イ にんべん	田 たへん	艹 くさかんむり
用例	読 金縛(かなしば)り 書 束縛(そくばく) 送 しばる ▶縛る	読 伐採(ばっさい)・殺伐(さつばつ)・濫伐(らんばつ)・間伐(かんばつ)	読 出帆(しゅっぱん)・帆走(はんそう)・帆柱(ほばしら)・白帆(しらほ) 四 順風満帆(じゅんぷうまんぱん) 書 帆(ほ)	読 同伴(どうはん)・相伴(しょうばん)・相伴う(あいともなう) 書 伴奏(ばんそう)・同伴(どうはん) 送 ともなう ▶伴う	読 湖畔(こはん)・池畔(ちはん)	四 廃藩置県(はいはんちけん)

	12	9　ヒ	14	8	10	14
漢字	蛮	卑	碑	泌	姫	漂
音訓	音[バン]	音[ヒ] 訓[いや(しい)][いや(しむ)][いや(しめる)]	音[ヒ]	音[ヒツ]	訓[ひめ]	音[ヒョウ] 訓[ただよ(う)]
部首	虫 むし	十 じゅう	石 いしへん	氵 さんずい	女 おんなへん	氵 さんずい
用例	読 蛮族(ばんぞく) 書 野蛮(やばん)	読 卑下(ひげ)・卑屈(ひくつ) 送 いやしい ▶卑しい	読 石碑(せきひ)・碑文(ひぶん)	書 分泌(ぶんぴつ)	書 姫(ひめ)・姫君(ひめぎみ)	読 漂泊(ひょうはく)・漂白(ひょうはく) 書 漂流(ひょうりゅう)・漂着(ひょうちゃく) 送 ただよう ▶漂う

16	10	12	11	10	13
篤	匿	痘	陶	凍	塗
音[トク]	音[トク]	音[トウ]	音[トウ]	訓音[トウ][こお(る)][こご(える)]	訓音[ト][ぬ(る)]
㇊ たけかんむり	匸 かくしがまえ	疒 やまいだれ	阝 こざとへん	冫 にすい	土 つち
読 危篤(きとく)・篤実(とくじつ)・篤志家(とくしか)・篤学(とくがく)	読 秘匿(ひとく)・隠匿(いんとく)　書 匿名(とくめい)	読 天然痘(てんねんとう)	読 陶酔(とうすい)　書 陶器(とうき)	読 凍結(とうけつ)　書 冷凍(れいとう)・凍死(とうし)・解凍(かいとう)・凍る(こおる)　送 こごえる▼凍える	読 塗布(とふ)・未塗り(みぬり)　書 塗料(とりょう)・塗装(とそう)・塗る(ぬる)

11	11 ハ	11 ネ	11	7 ニ	11
陪	排	婆	粘	尿	豚
音[バイ]	音[ハイ]	音[バ]	訓音[ネン][ねば(る)]	音[ニョウ]	訓音[トン][ぶた]
阝 こざとへん	扌 てへん	女 おんな	米 こめへん	尸 かばね しかばね	豕 いのこ
読 陪審(ばいしん)・陪食(ばいしょく)	読 排除(はいじょ)・排気(はいき)　書 排斥(はいせき)・排煙(はいえん)	読 老婆(ろうば)　書 産婆(さんば)	読 粘膜(ねんまく)・粘液(ねんえき)　書 粘土(ねんど)・粘着(ねんちゃく)　送 ねばる▼粘る	読 尿検査(にょうけんさ)	読 養豚場(ようとんじょう)　書 豚肉(ぶたにく)・豚(ぶた)

18	11	17	12	11	15
鎮	陳	聴	超	彫	駐
音[チン] 訓[しず(める)] [しず(まる)]高高	音[チン]	音[チョウ] 訓[き(く)]	音[チョウ] 訓[こ(える)] [こ(す)]	音[チョウ] 訓[ほ(る)]	音[チュウ]
金 かねへん	阝 こざとへん	耳 みみへん	走 そうにょう	彡 さんづくり	馬 うまへん
読 鎮圧・重鎮・鎮痛剤・鎮火 送しずめる▼鎮める	読 陳腐・陳謝・陳情 書 陳列 四 新陳代謝	読 傾聴・聴取・試聴・傍聴・ 聴衆 書 視聴・聴力 聴く	読 超過・超える 書 超越	読 彫金・木彫り 彫る 書 彫刻・彫る	読 常駐 書 駐車・駐輪・駐在

4 ト	10	15	9	9 テ	15 ツ
斗	哲	締	訂	帝	墜
音[ト]	音[テツ]	音[テイ] 訓[し(まる)] [し(める)]	音[テイ]	音[テイ]	音[ツイ]
斗 とます	口 くち	糸 いとへん	言 ごんべん	巾 はば	土 つち
書 北斗	読 哲学 書 変哲・先哲	読 戸締まり 書 締結・引き締める	読 改訂	読 帝国 書 帝王・皇帝	読 失墜 書 墜落

17	9	14	15	10	8
鍛	胆	奪	諾	託	卓

17 鍛
音[タン]
訓[きた(える)]
かねへん 金
送 きたえる▶鍛える
読 鍛錬

9 胆
音[タン]
にくづき 月
読 魂胆
書 落胆・大胆
四 大胆不敵・失望落胆

14 奪
音[ダツ]
訓[うば(う)]
だい 大
書 奪う
読 争奪・奪回・強奪・奪取

15 諾
音[ダク]
ごんべん 言
書 承諾
四 事後承諾
読 快諾・受諾・許諾・内諾

10 託
音[タク]
ごんべん 言
読 屈託・嘱託・委託・託児

8 卓
音[タク]
じゅう 十
読 卓越・卓抜・卓見
書 食卓・卓球
四 名論卓説・高論卓説

15	8	11	10	13　チ	16
鋳	抽	窒	畜	稚	壇

15 鋳
音[チュウ]
訓[い(る)]
かねへん 金
書 鋳る
読 鋳造・鋳物・鋳型

8 抽
音[チュウ]
てへん 扌
読 抽出
書 抽象・抽選

11 窒
音[チツ]
あなかんむり 穴
読 窒息・窒素

10 畜
音[チク]
た 田
読 畜産
書 家畜

13 稚 チ
音[チ]
のぎへん 禾
書 幼稚・稚魚

16 壇
音[ダン][タン]高
つちへん 土
読 登壇・画壇・文壇・土壇場

9 夕	13	9	14	14	12
怠	賊	促	憎	遭	葬
訓[おこた(る)][なま(ける)] 音[タイ]	音[ゾク]	訓[うなが(す)] 音[ソク]	訓[にく(む)][にく(い)][にく(らしい)][にく(しみ)] 音[ゾウ]	訓[あ(う)] 音[ソウ]	訓[ほうむ(る)]高 音[ソウ]
心 こころ	貝 かいへん	イ にんべん	忄 りっしんべん	辶 しんにょう	サ くさかんむり
読 怠慢 送 なまける▼息ける・怠ける・おこたる ▼怠る	読 山賊 書 海賊	読 促進・催促 書 促す 送 うながす▼促す	読 愛憎 書 心憎い 送 にくらしい▼憎らしい 憎しみ・にくらし	読 遭遇・遭難・遭う	読 葬儀・埋葬 書 葬式 四 冠婚葬祭

7	13	13	11	11	9
択	滝	滞	逮	袋	胎
音[タク]	訓[たき]	訓[とどこお(る)] 音[タイ]	音[タイ]	訓[ふくろ] 音[タイ]高	音[タイ]
扌 てへん	氵 さんずい	氵 さんずい	辶 しんにょう	衣 ころも	月 にくづき
読 採択・択一 書 選択 四 取捨選択・二者択一	書 滝	読 停滞・滞納・沈滞・滞留・遅滞・延滞・滞空 書 滞在 送 とどこおる▼滞る	書 逮捕	読 足袋・胃袋 書 寝袋・袋・手袋	読 胎動・胎児

惜（11）

音［セキ］　訓［お(しい)］［お(しむ)］

りっしんべん　忄

- 読　惜敗・惜別
- 送　おしむ▼惜しむ　おしい▼惜しい

籍（20）

音［セキ］

たけかんむり　⺮

- 書　書籍・移籍・国籍

摂（13）

音［セツ］

てへん　扌

- 読　摂生・摂理
- 書　摂取
- 四　摂関政治

潜（15）

音［セン］　訓［ひそ(む)］［もぐ(る)］

さんずい　氵

- 読　潜伏・潜在・潜入・素潜り
- 書　潜水・潜る
- 四　潜在意識
- 送　ひそむ▼潜む

繕（18）

音［ゼン］　訓［つくろ(う)］

いとへん　糸

- 読　修繕
- 書　繕う

阻（8 ソ）

音［ソ］　訓［はば(む)］高

こざとへん　阝

- 読　険阻・阻害
- 書　阻止
- 送　はばむ▼阻む

措（11）

音［ソ］

てへん　扌

- 読　措置・措辞
- 四　応急措置・挙措動作

粗（11）

音［ソ］　訓［あら(い)］

こめへん　米

- 読　粗相・粗末・粗削り
- 書　粗悪・粗い

礎（18）

音［ソ］　訓［いしずえ］高

いしへん　石

- 読　礎石・国の礎
- 書　基礎

双（4）

音［ソウ］　訓［ふた］

また　又

- 読　双方
- 書　双葉
- 四　古今無双・天下無双

桑（10）

音［ソウ］　訓［くわ］高

き　木

- 読　桑田・桑
- 書　桑畑・桑

掃（11）

音［ソウ］　訓［は(く)］

てへん　扌

- 読　一掃・掃除
- 書　清掃・掃く

19	12	15	12	11	10
髄	随	穂	遂	酔	衰

髄 19
音[スイ]
ほねへん 骨
読 神髄・骨髄・髄膜

随 12
音[ズイ]
こざとへん 阝
読 追随・随時・随分・随所・付随・随想
四 当代随一

穂 15
訓音[ほ][スイ]高
のぎへん 禾
読 穂先・出穂
書 稲穂・穂

遂 12
訓音[と(げる)][スイ]
しんにょう しんにゅう 辶
読 完遂・遂行
送 とげる ▼遂げる

酔 11
訓音[よ(う)][スイ]
とりへん 酉
読 陶酔・心酔
書 酔う
四 酔生夢死

衰 10
訓音[おとろ(える)][スイ]
ころも 衣
読 衰退・衰微・衰える
四 栄枯盛衰
送 おとろえる ▼衰える

セ

10	5	15	12	9	19
隻	斥	請	婿	牲	瀬

隻 10
音[セキ]
ふるとり 隹
読 数隻
四 片言隻句・片言隻語

斥 5
音[セキ]
きん 斤
読 排斥・斥候

請 15
訓音[こ(う)][シン]高[セイ]高
ごんべん 言
読 申請・請求・請負
書 要請・請ける・下請け

婿 12
訓音[むこ][セイ]高
おんなへん 女
読 娘婿・女婿
書 花婿

牲 9
音[セイ]
うしへん 牛
書 犠牲

瀬 19
訓[せ]
さんずい 氵
読 瀬踏み
書 浅瀬

15	20	16	16	4	20
嘱	譲	錠	嬢	冗	鐘
音[ショク]	訓音[ジョウ][ゆず(る)]	音[ジョウ]	音[ジョウ]	音[ジョウ]	訓音[ショウ][かね]
くちへん 口	ごんべん 言	かねへん 金	おんなへん 女	わかんむり 冖	かねへん 金
読 嘱望・嘱託・委嘱	送 ゆずる ▼譲る / 読 互譲・譲歩・譲渡・分譲・譲与	読 錠剤・手錠	書 令嬢	読 冗漫・冗談・冗費	書 鐘をつく / 読 鐘楼・早鐘

10	8　ス	15	7	7	10
粋	炊	審	辛	伸	辱
訓音[スイ][いき]	訓音[スイ][た(く)]	音[シン]	訓音[シン][から(い)]	訓音[シン][の(びる)][の(ばす)][の(べる)]	訓音[ジョク][はずかし(める)]高
こめへん 米	ひへん 火	うかんむり 宀	からい 辛	にんべん イ	しんのたつ 辰
動 純粋 / 読 抜粋・無粋・不粋・粋な行	書 炊事・炊飯・炊く / 読 雑炊・煮炊き	四 慎重審議 / 書 不審・審判 / 読 審美眼・審議・陪審・審査	四 粒粒辛苦 / 書 辛苦・香辛料・辛抱・辛勝 / 読 辛酸・辛い・甘辛い・辛口	書 伸縮 / 送 のばす ▼伸ばす	読 雪辱・屈辱・恥辱 / 送 はずかしめる ▼辱める

10	6	15	15	7	10
徐	**如**	**遵**	**潤**	**寿**	**殊**
音[ジョ]	音[ジョ][ニョ]高	音[ジュン]	訓[うるお(う)][うるお(す)][うる(む)] 音[ジュン]	訓[ことぶき] 音[ジュ]	訓[こと] 音[シュ]
イ ぎょうにんべん	女 おんなへん	辶 しんにょう	氵 さんずい	寸 すん	歹 かばねへん・いちたへん・がつへん
読 徐行・徐々に	読 突如・躍如 書 突如・躍如 四 面目躍如	読 遵守・遵法	む▼潤む 読 潤沢・湿潤・豊潤・潤す 送 うるおう▼潤う・うる	書 長寿・寿 四 不老長寿	読 殊勝・殊に 書 特殊

15	12	12	12	8	6
衝	**焦**	**晶**	**掌**	**昇**	**匠**
音[ショウ]	訓[こ(げる)][こ(がす)][こ(がれる)][あせ(る)]高 音[ショウ]	音[ショウ]	音[ショウ]	訓[のぼ(る)] 音[ショウ]	音[ショウ]
行 ぎょうがまえ・ゆきがまえ	灬 れっか	日 ひ	手 て	日 ひ	匚 はこがまえ
読 衝動・折衝・衝撃・衝突 四 意気衝天	読 焦燥 書 焦点 四 焦熱地獄 送 こがす▼焦がす	書 結晶・液晶	書 掌握・掌中 読 車掌	書 上昇・昇進 読 昇降・昇任・昇格・昇華・昇る	読 巨匠・名匠・意匠・宗匠 書 師匠

8	16	9	8 シ	15	17
侍	**諮**	**施**	**祉**	**暫**	**擦**
音[ジ] 訓[さむらい]	音[シ] 訓[はか(る)]	音[シ][セ高] 訓[ほどこ(す)]	音[シ]	音[ザン]	音[サツ] 訓[す(る)][す(れる)]
にんべん イ	ごんべん 言	ほうへん／かたへん 方	しめすへん ネ	ひ 日	てへん 扌
書読 侍従・侍	四読 諮問・諮る 諮問機関	送書読 お布施／施設／ほどこす▼施す	書 福祉	読 暫定・暫時	送読 擦過傷・擦れ違う／すれる▼擦れる

8	11	12	10	12	13
邪	**赦**	**湿**	**疾**	**軸**	**慈**
音[ジャ]	音[シャ]	音[シツ] 訓[しめ(る)][しめ(す)]	音[シツ]	音[ジク]	音[ジ] 訓[いつく(しむ)高]
おおざと 阝	あか 赤	さんずい 氵	やまいだれ 疒	くるまへん 車	こころ 心
書読 邪悪・邪念・邪道・風邪／邪推・邪魔・無邪気	読 容赦・恩赦・赦免	送書読 湿潤・多湿／除湿・湿布・湿原・湿度／しめる▼湿る	読 疾走・疾駆・疾風	書読 主軸・機軸・基軸／軸となる	書読 慈善・慈悲／慈愛

16	14	11	9	14	7
墾	魂	紺	恨	獄	克
音[コン]	訓[たましい] 音[コン]	音[コン]	訓[うら(む)][うら(めしい)] 音[コン]	音[ゴク]	音[コク]
土 つち	鬼 おに	糸 いとへん	忄 りっしんべん	犭 けものへん	儿 ひとあし にんにょう
読 開墾(かいこん)	読 闘魂(とうこん)・精魂(せいこん)・魂胆(こんたん)・商魂(しょうこん) 書 魂(たましい) 四 和魂洋才(わこんようさい)	読 濃紺(のうこん)・紫紺(しこん) 書 紺色(こんいろ)	読 悔恨(かいこん)・痛恨(つうこん)・遺恨(いこん)・恨む(うらむ)	書 地獄(じごく) 四 焦熱地獄(しょうねつじごく)	読 克明(こくめい)・相克(そうこく) 書 克服(こくふく)

15	16	13	9	13	13 サ
撮	錯	搾	削	催	債
訓[と(る)] 音[サツ]	音[サク]	訓[しぼ(る)]高 音[サク]	訓[けず(る)] 音[サク]	訓[もよお(す)] 音[サイ]	音[サイ]
扌 てへん	金 かねへん	扌 てへん	刂 りっとう	イ にんべん	イ にんべん
書 撮影(さつえい)・撮る(とる)	読 交錯(こうさく)・錯誤(さくご) 書 錯覚(さっかく) 四 試行錯誤(しこうさくご)・時代錯誤(じだいさくご)	読 搾取(さくしゅ)・搾る(しぼる) 書 乳搾り(ちちしぼり)	読 添削(てんさく)・粗削り(あらけずり) 書 削除(さくじょ)・削減(さくげん) 送 けずる ▼削る	読 催促(さいそく)・共催(きょうさい)・催眠(さいみん) 書 主催(しゅさい)・開催(かいさい) 送 もよおす ▼催す	読 負債(ふさい)・債権(さいけん)

9	8	7	5	5	4
郊	拘	坑	甲	巧	孔
音[コウ]	音[コウ]	音[コウ]	音[コウ][カン]	訓[たく(み)] 音[コウ]	音[コウ]
阝 おおざと	扌 てへん	土 つちへん	田 た	エ たくみへん	子 こへん
書 郊外こうがい・近郊きんこう	読 拘束こうそく 書 拘留こうりゅう	読 炭坑たんこう・坑道こうどう	読 甲高かんだかい 書 手の甲こう・甲乙こうおつ	読 精巧せいこう・技巧ぎこう・悪巧わるだくみ 書 巧妙こうみょう 四 巧言令色こうげんれいしょく 送 たくみだ▼巧みだ	読 鼻孔びこう・気孔きこう

14	14	12	12	12	11
酵	綱	絞	硬	慌	控
音[コウ]	音[コウ] 訓[つな]	訓[コウ]高 訓[しぼ(る)][し(める)][し(まる)]	音[コウ] 訓[かた(い)]	音[コウ]高 訓[あわ(てる)][あわ(ただしい)]	音[コウ]高 訓[ひか(える)]
酉 とりへん	糸 いとへん	糸 いとへん	石 いしへん	忄 りっしんべん	扌 てへん
読 酵母こうぼ 書 発酵はっこう・酵素こうそ	読 要綱ようこう・綱渡つなわたり 書 命綱いのちづな・綱引つなびき	読 絞るしぼる・絞めるしめる	読 生硬せいこう・硬式こうしき・硬貨こうか・硬かたい 書 硬直こうちょく	読 恐慌きょうこう 送 あわてる▼慌てる・あわただしい▼慌ただしい	読 控訴こうそ 書 控ひかえる

配当漢字表

4	16	10	19	19	16
幻	**賢**	**倹**	**鯨**	**鶏**	**憩**
音[ゲン] 訓[まぼろし]	音[ケン] 訓[かしこ(い)]	音[ケン]	音[ゲイ] 訓[くじら]	音[ケイ] 訓[にわとり]	音[ケイ] 訓[いこ(い)] [いこ(う)]高
幺 いとがしら よう	貝 かい こがい	イ にんべん	魚 うおへん	鳥 とり	心 こころ
四 書 読 変幻自在 幻想・幻覚・幻 幻滅・幻影	送 書 読 かしこい▼賢い 賢明 先賢・賢い	書 倹約	四 書 読 鯨飲馬食 鯨 捕鯨	四 書 読 鶏口牛後 鶏 鶏舎・鶏卵・養鶏	書 読 憩い 休憩

10	10	21	12	9	9
悟	**娯**	**顧**	**雇**	**弧**	**孤**
音[ゴ] 訓[さと(る)]	音[ゴ]	音[コ] 訓[かえり(みる)]	音[コ] 訓[やと(う)]	音[コ]	音[コ]
忄 りっしんべん	女 おんなへん	頁 おおがい	隹 ふるとり	弓 ゆみへん	子 こへん
送 書 読 さとる▼悟る 覚悟 悔悟	書 娯楽	書 読 顧問 回顧・顧慮・愛顧・顧みる	送 書 読 やとわれる▼雇われる 解雇・雇う 雇用	書 読 弧 円弧	書 四 読 孤立 孤城落日・孤立 無援・孤軍奮闘 孤島・孤独・孤高

11	13 ク	15	4	16	10
偶	愚	緊	斤	凝	脅
音[グウ]	訓音[グ][おろ(か)]	音[キン]	音[キン]	訓音[ギョウ][こ(る)][こ(らす)]	訓音[キョウ][おど(す)][おど(かす)][おびや(かす)]高
にんべん イ	こころ 心	いと 糸	きん 斤	にすい ン	にく 肉
読 偶発　書 偶然・偶数	読 愚問・愚の骨頂　送 おろかだ▼愚かだ	読 緊迫・緊密　書 緊張・緊急　四 緊急事態	読 一斤	読 凝視・凝縮・凝結・肩凝り　書 凝固・凝る　送 こらす▼凝らす	読 脅威　書 脅す　送 おどし▼脅し

13	11	11	9	6 ケ	12
携	掲	啓	契	刑	遇
訓音[ケイ][たずさ(える)][たずさ(わる)]	訓音[ケイ][かか(げる)]	音[ケイ]	訓音[ケイ][ちぎ(る)]高	音[ケイ]	音[グウ]
てへん 扌	てへん 扌	くち 口	だい 大	りっとう 刂	しんにょう しんにゅう 辶
読 提携・連携　書 携帯　送 たずさわる▼携わる	読 掲載・掲揚・前掲　書 掲示　送 かかげる▼掲げる	読 啓発・啓示・拝啓	書 契機・契約　読 契約　契りを結ぶ	読 刑法・処刑　書 刑罰	読 遭遇・待遇・処遇・優遇・冷遇・奇遇　四 千載一遇　書 境遇

10	12	13	18	12	17
既	棋	棄	騎	欺	犠
音[キ] 訓[すで(に)]	音[キ]	音[キ]	音[キ]	訓[あざむ(く)] 音[キ]	音[キ]
死 すのつくり	木 きへん	木 き	馬 うまへん	欠 あくび・かける	牛 うしへん
読 既成・既定・既婚・既刊・既製・既知 四 皆既日食 送 すでに▶既に	読 棋士・将棋	読 破棄・棄権・棄却・投棄・遺棄 書 放棄 四 自暴自棄	読 騎手 書 騎馬 四 一騎当千	読 詐欺 送 あざむく▶欺く	読 犠打 書 犠牲

11	6	12	9	11	9
菊	吉	喫	虐	虚	峡
音[キク]	音[キチ][キツ]	音[キツ]	訓[しいた(げる)]高 音[ギャク]	音[キョ][コ]高	音[キョウ]
艹 くさかんむり	口 くち	口 くちへん	虍 とらがしら・とらかんむり	虍 とらがしら・とらかんむり	山 やまへん
書 菊・野菊	読 吉凶・吉日 書 不吉・吉報	読 喫煙 書 満喫・喫茶	書 残虐・虐待	書 虚勢・空虚・虚栄・虚脱・虚飾	読 峡谷・地峡・海峡

滑〔13〕
音〔カツ〕〔コツ〕
訓〔すべ(る)〕〔なめ(らか)〕
さんずい 氵
読 円滑・潤滑・滑走路・斜滑降
書 滑る・滑らかだ
四 円転滑脱

肝〔7〕
音〔カン〕
訓〔きも〕
にくづき 月
読 肝臓
書 肝試し・度肝・肝を抜かす

冠〔9〕
音〔カン〕
訓〔かんむり〕
わかんむり 冖
読 弱冠・冠水
書 王冠・栄冠・冠
四 冠婚葬祭・衣冠束帯

勘〔11〕
音〔カン〕
ちから 力
読 勘案・勘弁・勘定
書 勘が働く

貫〔11〕
音〔カン〕
訓〔つらぬ(く)〕
こがい 貝
読 縦貫
書 一貫・貫通
四 終始一貫・首尾一貫
送 つらぬく▶貫く

喚〔12〕
音〔カン〕
くちへん 口
読 喚起・喚問

換〔12〕
音〔カン〕
訓〔か(える)〕〔か(わる)〕
てへん 扌
読 換金・換言・換える
書 交換・変換・換気・転換

敢〔12〕
音〔カン〕
ぼくづくり 攵
読 果敢・敢然・敢行
書 勇敢
四 勇猛果敢

緩〔15〕
音〔カン〕
訓〔ゆる(い)〕〔ゆる(やか)〕〔ゆる(む)〕〔ゆる(める)〕
いとへん 糸
読 緩和・緩慢
書 緩む
四 緩急自在・規制緩和
送 ゆるやかだ▶緩やかだ

企〔6〕キ
音〔キ〕
訓〔くわだ(てる)〕
ひとやね 人
読 企画・企業
送 くわだてる▶企てる

忌〔7〕
音〔キ〕
訓〔い(む)〕高〔い(まわしい)〕高
こころ 心
読 忌避・忌まわしい
書 忌引き

軌〔9〕
音〔キ〕
くるまへん 車
読 軌道・軌跡・常軌

13	13	13	9	8	15
該	慨	塊	悔	怪	餓
音[ガイ]	音[ガイ]	音[カイ] 訓[かたまり]	音[カイ] 訓[く(いる)] [く(やむ)] [くや(しい)]	音[カイ] 訓[あや(しい)] [あや(しむ)]	音[ガ]
言 ごんべん	忄 りっしんべん	土 つちへん	忄 りっしんべん	忄 りっしんべん	食 しょくへん
読 該博・該当 がいはく がいとう	読 慨嘆 がいたん 書 感慨 かんがい 四 感慨無量 かんがいむりょう	書 金塊・塊 きんかい かたまり	読 悔恨 かいこん 書 後悔 こうかい 送 く(いる)▼悔いる・くやしい▼	読 怪奇・奇怪 かいき きかい 書 怪談・怪盗・怪奇・怪力乱神 かいだん かいとう かいき かいりきらんしん 四 複雑怪奇 ふくざつかいき	書 餓死 がし

11	8	18	13	11	14
掛	岳	穫	隔	郭	概
訓[か(ける)] [か(かる)] [かかり]	音[ガク] 訓[たけ]	音[カク]	音[カク] 訓[へだ(てる)] [へだ(たる)]	音[カク]	音[ガイ]
扌 てへん	山 やま	禾 のぎへん	阝 こざとへん	阝 おおざと	木 きへん
読 仕掛け しか 書 掛ける か	読 山岳 さんがく 書 岳父・北岳 がくふ きただけ	書 収穫 しゅうかく	読 隔絶・隔年・遠隔 かくぜつ かくねん えんかく 四 遠隔操作・隔世遺伝 えんかくそうさ かくせいいでん 書 間隔 かんかく 送 へだ(てる)▼隔てる・へだ(たる)▼隔たり	読 輪郭・外郭 りんかく がいかく 書 輪郭 りんかく 四 外郭団体 がいかくだんたい	読 概要・概略・概算・概況・ がいよう がいりゃく がいさん がいきょう 気概 きがい 書 概念 がいねん

1	8	8 オ	10	8	15
乙	殴	欧	宴	炎	閲
音[オツ]	訓[なぐ(る)][高] 音[オウ]	音[オウ]	音[エン]	訓[ほのお] 音[エン]	音[エツ]
おつ 乙	また ほこづくり 殳	あくび かける 欠	うかんむり 宀	ひ 火	もんがまえ 門
読 早乙女 書 甲乙	読 殴打 書 横殴り・殴る	読 渡欧 書 欧米・北欧・西欧・欧州	読 祝宴・宴席 書 宴会	読 気炎・炎天下 書 炎上・炎 四 気炎万丈	読 校閲・検閲 書 閲覧

13	10	9	8 カ	16	9
嫁	華	架	佳	穏	卸
訓[よめ][高] 音[カ]	訓[はな] 音[ケ][高][カ]	訓[か(ける)][か(かる)] 音[カ]	音[カ]	訓[おだ(やか)] 音[オン]	訓[おろ(す)][おろし]
おんなへん 女	くさかんむり 艹	き 木	にんべん イ	のぎへん 禾	わりふ ふしづくり 卩
読 嫁ぐ・転嫁 書 嫁・花嫁	読 華美・繁華街・華麗・栄 書 華・昇華・華やぐ・華華しい	読 架空・担架・高架・橋を架ける 書 架空	読 佳境 書 佳作	読 穏便・穏当・穏健・穏和・安穏 書 平穏・穏やかだ 四 平穏無事	読 商品を卸す・卸値 書 卸

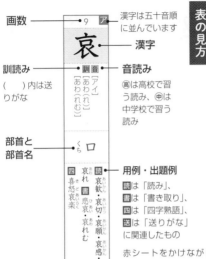

3級配当漢字表

284字

3級の試験で最も重要となる3級配当漢字の一覧です。しっかりと覚えておきましょう。用例は、過去に出題されたものや、出題される可能性が高いものを集めました。

表の見方

画数 ── 9
漢字は五十音順に並んでいます

哀 ── **漢字**

訓読み ── 訓［あわ（れ）］［あわ（れむ）］
（　）内は送りがな

音読み ── 音［アイ］
⾼は高校で習う読み、⊕は中学校で習う読み

部首と部首名 ── くち　口

四
哀れ
喜怒哀楽

用例・出題例
読 哀歓・哀切・哀願・哀感・哀れ
書 悲哀・哀れむ
四 喜怒哀楽

読は「読み」、書は「書き取り」、四は「四字熟語」、送は「送りがな」に関連したもの

赤シートをかけながらチェックしてみましょう

10	12 エ	15 イ	9 ア
悦	詠	慰	哀
音［エツ］	訓［よ（む）］⾼ 音［エイ］	訓［なぐさ（める）］［なぐさ（む）］ 音［イ］	訓［あわ（れ）］［あわ（れむ）］ 音［アイ］
りっしんべん　忄	ごんべん　言	こころ　心	くち　口
読 恐悦・満悦・悦に入る	読 朗詠・詠嘆・歌を詠む	読 慰労・慰留・慰問 送 なぐさめる▼慰める	読 哀歓・哀切・哀願・哀感・哀れ 書 悲哀・哀れむ 四 喜怒哀楽

配当漢字表

（一）読み

⇨1問1点

1 くったく
2 ほんやく
3 かいさい
4 ぼうし
5 ようし
6 ぎょうし
7 ばくろ
8 けつじょ
9 けいき
10 ちんしゃ
11 えんかつ
12 じょうほ
13 とつじょ
14 てんぷく

15 がいよう
16 きんぱく
17 えつらん
18 かいこん
19 りんかく
20 みわく
21 やと
22 つらぬ
23 たずさ
24 うるお
25 おこた
26 はげ
27 も
28 ゆる
29 まぎ
30 さまた

（二）同音・同訓異字

⇨1問2点

1 イ
2 オ
3 エ
4 ウ
5 イ
6 オ
7 ア
8 エ
9 イ
10 オ
11 ウ
12 ア
13 エ
14 ア
15 ウ

（三）漢字識別

⇨1問2点

1 キ
2 イ
3 エ
4 コ
5 カ
6 オ
7 ア
8 ウ

（四）熟語の構成

⇨1問2点

1 ウ
2 ア
3 エ
4 イ
5 カ
6 オ

（五）部首

⇨1問1点

1 イ
2 エ
3 ウ
4 エ
5 ア
6 イ
7 ア
8 エ
9 ウ
10 イ

（六）対義語・類義語

⇨1問2点

1 破
2 象
3 特
4 素
5 制
6 図
7 困
8 群
9 幼
10 禁

（七）漢字と送りがな

⇨1問2点

1 貧しい
2 背ける
3 従う
4 任せる
5 浴びせる

（八）四字熟語

⇨1問2点

1 雲散
2 複雑
3 起死
4 単刀
5 茶飯
6 満面
7 東風
8 有望
9 三文
10 取捨

（九）誤字訂正

⇨1問2点

1 期・揮
2 致・置
3 調・重
4 求・吸
5 偉・遺

（十）書き取り

⇨1問2点

1 操作
2 簡潔
3 痛快
4 便乗
5 至難
6 我流
7 明朗
8 嘱望
9 解雇
10 豪雨
11 額
12 競
13 財布
14 厳
15 出窓
16 集
17 拝
18 筋合
19 浸
20 蒸

7 **メイロウ**な会計システムなので安心だ。（　　）

8 将来を**ショクボウ**されている。（　　）

9 重大な失敗により会社を**カイコ**される。（　　）

10 突然の**ゴウウ**で川の水量が増した。（　　）

11 **ヒタイ**を寄せ合って相談する。（　　）

12 ドライバーが運転技術を**キソ**う。（　　）

13 **サイフ**のひもが堅くなっている。（　　）

14 **キビ**しい評価に肩を落とす。（　　）

15 **デマド**のあるしゃれた部屋に住む。（　　）

16 同級生と二十年ぶりに**ツド**う。（　　）

17 祖父の墓前で手を合わせて**オガ**む。（　　）

18 私が顔を出す**スジア**いはない。（　　）

19 パンを牛乳に**ヒタ**して食べる。（　　）

20 くつをはくと足が**ム**れやすい。（　　）

(九)

次の各文にまちがって使われている**同じ読みの漢字が一字ある。**上に誤字を、下に正しい漢字を記せ。

```
        /10
       2×5
```

1 当初配属された部署から営業課に異動になって以来、彼は本領を発揮しはじめた。（ ・ ）

2 トラブルの際に速やかに適切な措致が講じられたため、かえって会社の評価は高まった。（ ・ ）

3 歴史的価値のある貴調な書物が地方の旧家の蔵から発見された。（ ・ ）

4 子どもは驚くほどの速度で多くの知識を求収し、日々成長していく。（ ・ ）

5 親の葬儀の後、まもなく偉産を巡って兄弟たちが激しい争いを繰り広げた。（ ・ ）

(十)

次の――線の**カタカナを漢字**に直せ。

```
        /40
       2×20
```

1 パソコンの基本**ソウサ**を覚える。（ ）

2 **カンケツ**な文章を書くよう努力する。（ ）

3 **ツウカイ**な歴史小説を読む。（ ）

4 二つの違いを見分けるのは**シナ**ンの業だ。（ ）

5 友人の車に**ビンジョウ**する。（ ）

6 **ガリュウ**ではなかなか上達しない。（ ）

(七) 次の――線の**カタカナ**を漢字一字と**送りがな（ひらがな）**に直せ。

〈例〉 東の空がアカルイ。 （明るい）

1 心の**マズシイ**人だ。 （　　）

2 思わず顔を**ソムケル**ような場面があった。 （　　）

3 上司の命令に**シタガウ**。 （　　）

4 夫に家事をすべて**マカセル**。 （　　）

5 いっせいにカメラのフラッシュを**アビセル**。 （　　）

/10
2×5

(八) 文中の**四字熟語**の――線の**カタカナ**を**漢字**に直して二字記入せよ。

1 いやな気分が**ウンサン**霧消した。 （　　）

2 **フクザツ**怪奇な事件だった。 （　　）

3 **キシ**回生の策はあるだろうか。 （　　）

4 いつも**タントウ直入**に話に入る。 （　　）

5 彼の遅刻は**日常サハン**事だ。 （　　）

6 合格して**喜色マンメン**になる。 （　　）

7 何を言っても**馬耳トウフウ**だ。 （　　）

8 **前途ユウボウ**な学生を指導する。 （　　）

9 中古車を**二束サンモン**で売る。 （　　）

10 情報を整理して**シュシャ**選択する。 （　　）

/20
2×10

（六） 下の□の中のひらがなを漢字に直して□に入れ、**対義語・類義語**を作れ。□内のひらがなは一度だけ使い、（ ）内に**一字**記入せよ。

/20

2×10

	対義語	
1	修繕 — □損（ ）	
2	具体 — 抽□（ ）	
3	一般 — □殊（ ）	
4	豪華 — 質□（ ）	
5	促進 — 抑□（ ）	

	類義語	
6	魂胆 — 意□（ ）	
7	辛酸 — □苦（ ）	
8	卓越 — 抜□（ ）	
9	未熟 — □稚（ ）	
10	幽閉 — 監□（ ）	

きん　ぐん　こん　しょう　せい

そ　と　とく　は　よう

（四）

熟語の構成のしかたには次のような ものがある。

ア 同じような意味の漢字を重ねたもの　（善良）
イ 反対または対応の意味を表す字を重ねたもの　（細大）
ウ 上の字が下の字を修飾しているもの　（美談）
エ 下の字が上の字の目的語・補語になっているもの　（点火）
オ 上の字が下の字の意味を打ち消しているもの　（不当）

／20

2×10

次の熟語は右のア～オのどれにあたるか、**一つ選び、記号**を記せ。

1 廉価（　　）
2 墜落（　　）
3 未遂（　　）
4 盛衰（　　）
5 駐車（　　）

6 解凍（　　）
7 脅威（　　）
8 排他（　　）
9 疾走（　　）
10 乾湿（　　）

（五）

次の漢字の**部首**をア～エから**一つ選び、記号**を記せ。

／10

1×10

1 殴（ア 匚　イ 殳　ウ 又　エ ノ）
2 顧（ア 隹　イ 戸　ウ 貝　エ 頁）
3 暫（ア 車　イ 斤　ウ 日　エ 曰）
4 卑（ア 白　イ 田　ウ 口　エ 十）
5 裂（ア 衣　イ 亠　ウ 夕　エ リ）
6 墨（ア 里　イ 田　ウ 土　エ 灬）
7 彫（ア 冂　イ 彡　ウ 口　エ 土）
8 虐（ア 虍　イ 广　ウ 厂　エ 一）
9 奪（ア 大　イ 隹　ウ 寸　エ 丶）
10 蛮（ア 亠　イ 口　ウ 一　エ 虫）

7 地震で古い ビルが**ホウ**壊した。

8 花から甘い**ホウ**香が漂っている。

9 **ホウ**画専門のチャンネルを見る。

（ア崩　イ邦　ウ奉　エ芳　オ倣）

10 クリスマス商戦も**カ**境に入った。

11 **カ**空の街を舞台にした映画を見る。

12 余**カ**の過ごし方は人それぞれだ。

（ア暇　イ華　ウ架　エ箇　オ佳）

13 江戸（えど）の敵（かたき）を長崎で**ウ**つ。

14 世に**ウ**もれた優秀な人材を発掘する。

15 印刷業務を**ウ**け負う業者を選定する。

（ア埋　イ浮　ウ請　エ討　オ熟）

（三） 1～5の三つの□に**共通する漢字**を入れて熟語を作れ。漢字は**ア～コ**から**一つ**選び、**記号**を記せ。

1 □却・□権・放□（　）

2 交□・□誤・□覚（　）

3 □世・□離・遠□（　）

4 □導・□勧・□致（　）

5 精□・□激・□行（　）

ア 別　イ 錯　ウ 通　エ 隔　オ 返

カ 励　キ 棄　ク 較　ケ 招　コ 誘

/10

2×5

18 悔恨の情にかられる。（　　）

19 輪郭線のはっきりした絵だ。（　　）

20 美しく澄んだ魅惑的な歌声だ。（　　）

21 優秀な技術者を雇う。（　　）

22 自分の意見を貫いた。（　　）

23 教育関係の仕事に携わる。（　　）

24 久しぶりの雨で大地が潤った。（　　）

25 試験勉強を怠ってしまった。（　　）

26 気落ちした友人を励ます。（　　）

27 タイヤから空気が漏れている。（　　）

28 線路が緩やかなカーブを描く。（　　）

29 好きな音楽を聞くと気が紛れる。（　　）

30 悪役が主人公の行く手を妨げる。（　　）

（二） 次の——線の**カタカナ**にあてはまる漢字をそれぞれの**ア～オ**から**一つ**選び、**記号**を記せ。

```
┌──────┐
│   /30 │
└──────┘
  2 × 15
```

1 **ソウ**方とも反省し、仲直りをした。（　　）

2 山でクマに**ソウ**遇した。（　　）

3 不安な気持ちを一**ソウ**する。（　　）

（ア 騒　イ 遭　ウ 葬　エ 掃　オ 双）

4 抑**ヨウ**をつけて英語を話す。（　　）

5 失敗した部下を**ヨウ**護する。（　　）

6 ささいなことですぐに動**ヨウ**する。（　　）

（ア 擁　イ 踊　ウ 揚　エ 謡　オ 揺）

模擬試験問題

制限時間 **60** 分
合格点 **140** 点
得点 **/200**

解答はP.359
[巻末9]

(一) 次の──線の**漢字の読みをひらがな**で記せ。 /30 1×30

1 少年は屈託なく笑った。（　）

2 将来は翻訳者になるのが夢だ。（　）

3 オリンピックの開催地が決定する。（　）

4 膨大な量の資料を読むのに苦心する。（　）

5 だれであろうと容赦はしない。（　）

6 発言者の顔を凝視する。（　）

7 知られたくない過去が暴露された。（　）

8 道徳観の欠如が深刻化している。（　）

9 病気を契機に生活を改める。（　）

10 談合が発覚し、社長が陳謝した。（　）

11 社内の人間関係を円滑にする。（　）

12 国が新たな譲歩案を示した。（　）

13 突如としてサイレンの音が鳴り響いた。（　）

14 悪天候で漁船が転覆したらしい。（　）

15 工事の概要について説明を受ける。（　）

16 緊迫した試合展開となった。（　）

17 図書館で古い新聞を閲覧する。（　）

[巻末1]

367

本書記載の情報は制作時点のものです。受検をお考えの方は、必ずご自身で下記の公益財団法人 日本漢字能力検定協会の発表する最新情報をご確認ください。

公益財団法人 日本漢字能力検定協会

ホームページ　https://www.kanken.or.jp/

〈本部〉　　　　京都市東山区祇園町南側551番地

ホームページにある「よくある質問」を読んで該当する質問がみつからなければメールフォームでお問合せください。電話でのお問合せ窓口は0120-509-315(無料)です。

◆「漢検」「漢字検定」は公益財団法人 日本漢字能力検定協会の登録商標です。

本書に関する正誤等の最新情報は、下記のアドレスでご確認ください。
http://www.seibidoshuppan.co.jp/info/pocket-kanken3-2310

◎上記アドレスに掲載されていない箇所で、正誤についてお気づきの場合は、書名・質問事項・氏名・住所(またはFAX番号)を明記の上、**成美堂出版**まで郵送またはFAXでお問い合わせください。**お電話でのお問い合わせはお受けできません。**

◎内容によってはご質問をいただいてから回答を発送するまでお時間をいただくこともございます。

◎本書の内容を超える質問等にはお答えできませんので、あらかじめご了承ください。

よくあるお問い合わせ

Q 持っている辞書に掲載されている部首と、本書に掲載されている部首が違いますが、どちらが正解でしょうか?

A 辞書によっては、部首としているものが異なることがあります。漢検の採点基準では、「漢検要覧2～10級対応 改訂版」(日本漢字能力検定協会発行)で示しているものを正解としていますので、本書もこの基準に従っています。そのためお持ちの辞書と部首が異なることがあります。

ポケット漢検3級問題集

編　著　成美堂出版編集部

発行者　深見公子

発行所　成美堂出版
　　　　〒162-8445　東京都新宿区新小川町1-7
　　　　電話(03)5206-8151　FAX(03)5206-8159

印　刷　大盛印刷株式会社

©SEIBIDO SHUPPAN 2021　PRINTED IN JAPAN
ISBN978-4-415-23266-9
落丁・乱丁などの不良本はお取り替えします
定価はカバーに表示してあります